AF248333
AF248333

LA FEMME JALOUSE,

COMÉDIE

EN CINQ ACTES ET EN VERS ;

PAR M. DESFORGES.

Représentée, pour la première fois, par les Comédiens Italiens ordinaires du Roi, le mardi 15 Février 1785, et à Versailles, le 11 Mars suivant, devant LEURS MAJESTÉS.

Prix : 1 fr. 50 cent.

A PARIS,

Chez FAGES, Libraire, au Magasin de Pièces de Théâtre, boulevard St.-Martin, N°. 29, vis-à-vis la rue de Lancry.

1812.

<table>
<tr><td>PERSONNAGES.</td><td>ACTEURS</td></tr>
<tr><td>Madame DORSAN, femme jalouse.</td><td>Mme. FORGEOT.</td></tr>
<tr><td>M. DORSAN, son mari.</td><td>M. GRANGER.</td></tr>
<tr><td>EUGÉNIE, leur fille.</td><td>Mlle. CARLINE.</td></tr>
<tr><td>CLÉMENCE, fille de M. Dorsan, née d'un mariage secret.</td><td>Mlle. PITROT.</td></tr>
<tr><td>M. D'ARANVILLE, ami de M. Dorsan, et tuteur de sa femme.</td><td>M. DE COURCELLE.</td></tr>
<tr><td>M. DE FERVAL, neveu de M. d'Aranville, et amant d'Eugénie.</td><td>M. REYMOND.</td></tr>
<tr><td>GERVAIS, vieux domestique de M. Dorsan.</td><td>M. FAVARD.</td></tr>
<tr><td>JUSTINE, sa fille, gouvernante d'Eugénie.</td><td>Mlle DUFAYEL.</td></tr>
<tr><td>BLAISOT, valet de M. Dorsan.</td><td>M. VALROY.</td></tr>
<tr><td>UN VOITURIER.</td><td>M. CORALY.</td></tr>
</table>

La Scène est à Paris, chez M. Dorsan.

LA FEMME JALOUSE.

ACTE PREMIER.

*Le Théâtre représente un Salon, où se trouve, entr'au-
tres meubles, un secretaire, dont la clef est après.
Trois portes, une au fond, donnant sur la perspec-
tive du Jardin : deux latérales ; l'une, celle de l'appartement de Madame Dorsan, à droite de l'acteur ;
l'autre, à gauche, celle de l'appartement de Monsieur
Dorsan. Il n'est pas encore tout-à-fait jour.*

SCÈNE PREMIÈRE.

Madame DORSAN, *seule, appuyée contre le secrétaire.*

Il est rentré fort tard, — assurément pour cause. —
Quelque nouvelle intrigue, — et pourtant il repose. —
Il peut dormir ; — et moi, victime de l'amour,
Victime de l'hymen, je pleure nuit et jour.
(Elle se lève).
C'est trop long-tems gémir d'une aussi rude épreuve.
Quoi ! toujours des soupçons, et jamais une preuve !
J'en aurai. —   (*Elle retourne au secrétaire*).
          Qui verrait ce secrétaire ouvert,
Croirait voir de Dorsan, le cœur à découvert.
Eh bien ! cet abandon comble ma défiance :
Ce n'est qu'un faux témoin de sa fausse innocence,
C'est un raffinement, une ruse de plus.
Voyons.   (*Elle ouvre le secrétaire et les tiroirs*).
          Si mes efforts, tant de fois superflus,
Allaient enfin ; — que dis-je ! ô malheureuse épouse !
Si douloureusement, si justement jalouse !
En vain de ton ingrat, tu cherches des secrets :
Les maris criminels sont des amans discrets ;
Voilés par le même art qui trame nos disgraces,
Leurs forfaits ténébreux ne laissent point de traces.
Fermons... Si cependant... Quel trouble! quels combats
Ah ! contre mon malheur en vain je me débats ;

Je veux tout voir.—O ciel! qu'est-ce que je découvre!
Sous l'effort de ma main, un double fond qui s'ouvre!
   (*Avec réflexion*)   (*Elle cherche*).
Perfide invention ! Quoi ! rien ! — cherchons encor.
Ah ! je crois pourtant ; — oui, — c'est une boîte d'or ;
Et la boîte, à coup sûr, cachant quelque mystère,
Aura son double fond comme le secrétaire.
      (*Elle tourne et retourne la boîte*).
Mystère affreux! bientôt tu seras éclairci.

SCÈNE II.

Madame DORSAN, JUSTINE, GERVAIS.

JUSTINE.

Ah! Madame, pardon.

Mad. DORSAN.

      Que faites-vous ici ?

JUSTINE.

Madame, dans l'instant, j'arrive avec mon père ,
Qui vient me voir. — Je sors. —

     Madame DORSAN , *avec aigreur.*

      Non, demeurez. — J'espère,
Que l'on se lassera d'épier tous mes pas ,
Et qu'on n'entrera plus quand je n'appèle pas.
Si l'on me demandait, je n'y suis pour personne.
      (*Elle rentre chez elle*).

SCÈNE III.

GERVAIS, JUSTINE.

JUSTINE.

Eh bien ! vous le voyez : Madame me soupçonne
De l'épier, tandis que du matin au soir ,
Guettant, observant tout, elle voit tout en noir.
Enfin, de la maison je vais sortir peut-être.

GERVAIS.

Comment donc ?

JUSTINE.

     A vous seul je puis faire connaître
L'erreur de ma maîtresse et son injuste effroi.
Sachez que ses soupçons s'étendent jusqu'à moi.
Du couvent, où j'étais, près de Mademoiselle,
Je suis depuis trois mois revenue avec elle.

Ma présence a déplu beaucoup. — A chaque instant,
C'est quelque propos dur, quelque nom insultant ;
De moi-même, à la fin , je me serais bannie ;
Mais les bontés du père, et ma chère Eugénie,
Malgré ce que je souffre à me voir maltraiter,
Pour quelque tems encor m'ont contraint à rester.

GERVAIS.

Ne souffre point d'affront ; viens plutôt chez ton père.

SCÈNE IV.

LES PRÉCÉDENS, BLAISOT.

BLAISOT (familièrement à Justine).

Ah ! le voilà trouvé pourtant ; — Bonjour, ma chère.

JUSTINE.

Trouvé, — Qui ?

BLAISOT (frappant sur l'épaule de Gervais).

Le papa.

GERVAIS.

Vous venez de chez moi ?

BLAISOT.

Oui.

GERVAIS.

Pourquoi ?

BLAISOT.

C'est Monsieur qui vous dira pourquoi.

Hier, il est rentré pas mal tard de la ville.
Il m'a dit : — Vous irez chez Monsieur d'Aranville.
Le sévère tuteur ? ai-je dit, — Bon ! — j'y vais.
Non, — demain, a-t-il dit, et de là chez Gervais.
Je leur veux à tous deux parler de très-bonne heure.
Fort bien : — près de l'ami, le cher papa demeure.
J'ai couru chez l'ami , puis j'ai passé chez vous ;
Personne, — et je crois bien, car vous étiez chez nous.

GERVAIS, à Justine.

Tu ne devines pas ce que me veut ton maître ?

JUSTINE.

Non.

BLAISOT.

Bah ! vous badinez : si vous vouliez, peut-être
Vous devineriez bien ; mais moi, qui suis sorcier ,
Je devine (entre nous) qu'il veut vous marier.

(6)

JUSTINE.

A qui donc ?

BLAISOT.

Pour le coup, devinez la première.

JUSTINE, *souriant.*

Mon cher ami Blaisot, je ne suis pas sorcière.

BLAISOT.

Mon cher ami Blaisot : vous avez deviné.

GERVAIS.

Comment donc ?

BLAISOT.

Ecoutez. — J'ai bien imaginé
Qu'en voyant un garçon, d'une humeur joviale,
Jeune, assez bien tourné, l'ame franche, loyale,
Un bon garçon, enfin ; vous diriez à part vous,
Voilà juste celui qu'il me faut pour époux ;
Et j'ai dit, à part moi, ce garçon, c'est moi-même :
Mais vous ne pouviez pas crier tout haut : je l'aime,
Et je veux l'épouser. — Eh bien ! moi, qu'ai-je fait ?
J'ai tout dit à Monsieur, hein ! — D'un air satisfait,
Dit-il, tu l'aimes donc ? c'est bien ; mais t'aime-t-elle ?
J'ai dit oui. — J'ai bien fait, pas vrai, Mademoiselle ?
Et Gervais ? — Qui ? le père ? Ah je suis sûr de lui.
Qu'il vienne ici demain ; — demain, c'est aujourd'hui.
Et — chut ! voilà mon maître ;
        (*à Gervais, en lui serrant la main*).
                Il va parler, j'espère,
De façon qu'avant peu vous serez mon beau-père.

SCÈNE V.

LES PRÉCÉDENS, M. DORSAN *rêveur, une lettre à
la main.*

M. DORSAN, *à part, sans les voir.*

Cette lettre m'accable. — O ciel ! est-il permis
Qu'au bout de dix-huit ans. — (*Il les voit*).
                Ah ! bon jour, mes amis.
Gervais, je t'attendais.

BLAISOT, *à part, à Gervais.*

Pour l'objet.

GERVAIS.

                Mon cher maître, —
Ordonnez.

BLAISOT, *à M. Dorsan, montrant Justine.*
Vous savez, — je vous ai fait connaître....

M. DORSAN.
Bon !

BLAISOT.
Vous pouvez parler, nous sommes tous d'accord.

M. DORSAN.
J'y penserai.

BLAISOT.
Monsieur, vos affaires d'abord ;
C'est trop juste.

M. DORSAN.
Blaisot ?

BLAISOT.
Monsieur ?

M. DORSAN.
Et d'Aranville ?

BLAISOT.
Ah ! ah ! je n'ai pas fait ma course en imbécille.
Je ne dis jamais rien ; mais je vois tout le jeu.

M. DORSAN.
Achève.

BLAISOT *confidemment.*
Il va venir avec son cher neveu.

M. DORSAN.
Son neveu ! pourquoi faire ?

BLAISOT, *du même ton.*
Eh mais ! le mariage.—
Ah ! que j'ai bien compris le fin mot du message.

M. DORSAN.
Blaisot, souviens-toi bien, pour la dernière fois,
Qu'obéir à la lettre, est tout ce que tu dois :
Tu ferais de ton chef quelques étourderies.

BLAISOT, *avec confiance.*
Qui ? moi ? jamais.

M. DORSAN.
C'est bon. Passe aux messageries.
On attend aujourd'hui le carrosse de Tours.
Dès qu'il arrivera, viens m'avertir.

BLAISOT.
J'y cours.

(*Il revient*).

'A vos bontés , Messieurs , Blaisot se recommande.
(à Justine).
Vous que cela regarde , appuyez la demande.
(Il sort).

M. DORSAN.

Ce Blaisot est vraiment un garçon singulier.
Il se mêle de tout ; il est très-familier ;
Mais comme il a du zèle et de l'intelligence,
A ses légers défauts, je dois quelqu'indulgence.
Ma fille, ce matin, viendra-t-elle me voir,
Justine ?

JUSTINE.

Vous savez que son premier devoir
Est son premier plaisir. —   (à part).
Je sens que je les gêne :
(haut).
Laissons-les seuls ; —Monsieur, à l'instant je l'amène.
(Elle sort).

SCÈNE VI.

M. DORSAN, GERVAIS.

M. DORSAN, à voix basse.

Ah çà, je t'ai mandé , je t'en dois la raison.
Il faut, mon bon ami, me prêter ta maison.

GERVAIS.

N'est-elle pas à vous ?

M. DORSAN.

Non, mon cher, c'est la tienne.
A ta fille, après toi, je veux qu'elle appartienne,
C'est sa dot.

GERVAIS.

Mon bon maître, après tant de bienfaits ,
Vous nous comblez encor !

M. DORSAN.

Eh ! mon pauvre Gervais ,
Je m'acquitte bien mal ; — je te dois davantage.
Dans ton sein, mon ami, tu portas mon jeune âge.
Songe qu'étant enfant, je t'avais pour appui.
Te voilà vieux ; —eh bien ? c'est mon tour aujourd'hui.
Bref ; j'attends de province une jeune personne :
Je tremble qu'à Paris quelqu'un ne la soupçonne :
Ne pouvant, sans danger, la recevoir chez moi,

(9)

Je ne puis, mon ami, la confier qu'à toi.
L'intérêt que j'y prends n'a rien de comparable.
Pense que de mon être elle est inséparable,
Et surtout qu'elle a droit au plus profond respect.

GERVAIS.

Ah ! jamais rien de vous peut-il m'être suspect ?
J'obéis en aveugle ; achevez de m'instruire.
Dois-je l'aller chercher ?

M. DORSAN.

Non, j'irai la conduire.

GERVAIS.

C'est bon : je vous attends. — (*Il va pour sortir*).

M. DORSAN.

Ecoute ; — je voudrais
Un meuble simple et propre ; —il faudra quelques frais,
(*Il lui donne une bourse*).
Tiens. — Je crois qu'elle arrive aujourd'hui de
bonne heure,
Va vîte, et de ton mieux embellis sa demeure.
(*Gervais sort*).

SCÈNE VII.

M. DORSAN, *un moment seul,* ensuite EUGENIE
et JUSTINE.

M. DORSAN.

Le funeste moment serait-il arrivé ?
Quoi ! du plus doux plaisir je me serais privé
Dix-huit ans.—Un jour seul—il faut que je m'immole.
(*Sa fille vient*).
J'y suis accoutumé ; — voilà qui me console :
Voilà, contre mes maux, mon unique secours :
Viens, viens, ma chère enfant.

EUGÉNIE.

Je ne viens pas, — j'accours.
Embrassez, — cher papa, votre pauvre Eugénie.
Elle a bien des chagrins.

M. DORSAN.

Qui ? toi ! ma bonne amie ?

EUGÉNIE.

Moi-même, — et je ne puis les confier qu'à vous,
Car vous êtes bien bon, bien indulgent, bien doux.
Au lieu que si j'écoute, ou ma bonne, ou ma mère,
L'amour n'est qu'une erreur, une affreuse chimère ;

A votre âge, le cœur doit ignorer sa loi. —
Lequel est plus âgé, de mon cœur ou de moi ?
Car, enfin, que ce soit ou mon cœur ou moi-même,
En vérité, papa, je sens très-bien que j'aime.

M. DORSAN.

Qui ?

EUGÉNIE.
Monsieur de Ferval, qui venait si souvent,
Avec son oncle et vous, me voir dans mon couvent.

M. DORSAN.
C'est lui qui te chagrine ?

EUGÉNIE, *naïveté affectueuse.*
Eh ! non pas, c'est ma bonne,
A qui de tout mon cœur pourtant je le pardonne.
Depuis un an, au moins, Monsieur Ferval m'est cher.
Eh bien ! le croiriez-vous, je ne l'ai dit qu'hier.

M. DORSAN.
A lui-même ?

EUGÉNIE.
A qui donc ? Si quelqu'un doit connaître
Ce secret le premier, c'est bien l'amant peut-être.

JUSTINE.
Vous avez très-mal fait.

EUGÉNIE.
Tu me l'as déjà dit.
Par amitié pour toi, je n'ai pas contredit ;
Mais tu me forçais d'être et menteuse et cruelle.
Oui ; toi, si tu savais quelque bonne nouvelle,
Aurais-tu bien le cœur assez peu généreux
Pour la taire à celui qu'elle peut rendre heureux ?
Eh bien ! c'est tout de même : il dit que ma tendresse
Est, de tous les trésors, le seul qui l'intéresse.
Heureux ou malheureux, son sort dépend de moi.
Mon cœur n'est ni méchant, ni de mauvaise foi.
J'ai dit tout bonnement : Vous m'aimez, je vous aime.
Eh bien ! ces deux mots seuls l'ont mis hors de lui-même.
Quand j'ai vu tant de feu, d'amour dans son regard,
Je me suis reproché d'avoir parlé si tard.

M. DORSAN.
Va, — tu fais bien d'aimer l'époux qu'on te destine.

EUGÉNIE.
Là ! — ne gronde donc plus, ma petite Justine.

J'aime ; — c'est un bonheur que j'ai de plus que toi.
Tu l'auras si tu veux : — c'est un grand bien, crois-moi.

M. DORSAN.

Quels sentimens naïfs ! — Qu'elle est d'un bon augure
Cette ingénuité, garant d'une ame pure !

(*à Justine*).

Toi qui la conservas dans toute sa candeur,
Que ne te dois-je pas ?

EUGÉNIE.

Ah ! de tout votre cœur,
Embrassez avec moi, ma bonne et tendre amie,
Papa.

M. DORSAN, *affectueusement.*

Bien volontiers.

SCENE VIII.

LES PRÉCÉDENS, Madame DORSAN *qui survient.*

Mad. DORSAN.

O ciel ! quelle infamie !

M. DORSAN.

Grands Dieux !

JUSTINE.

Je suis perdue.

Mad. DORSAN.

On ne se contraint pas,
A ce qu'il me paraît ?

JUSTINE.

Madame. —

Mad. DORSAN, *à Justine.*

De ce pas,
Sortez.

M. DORSAN.

Ecoutez-moi. —

Mad. DORSAN.

Non.

EUGÉNIE.

Maman, je vous jure. —

Mad. DORSAN.

Taisez-vous. — J'attendais cette dernière injure. —
Ce n'est pas d'aujourd'hui. —

M. DORSAN.

Madame, appaisez vous. —

Mad. DORSAN.

Air prude, ton mielleux, maintien modeste, œil doux,
Dehors faux, imposteurs, masques d'hypocrisie.

JUSTINE.

Madame, permettez. —

M. DORSAN.

Affreuse jalousie !

Mad. DORSAN.

Je le cherchais, le piège ; — il était sous mes pas.

JUSTINE.

Renvoyez-moi, Madame, et ne m'insultez pas.

Mad. DORSAN.

Paix ! — C'est moi seule ici que votre audace insulte.
Retirez-vous.

SCÈNE IX.

LES PRÉCÉDENS , D'ARANVILLE.

D'ARANVILLE.

Eh bien, d'où vient donc ce tumulte ?

M. DORSAN.

D'où ? pour nous l'enseigner tu viens fort à propos,
Car nous n'en savons rien.

D'ARANVILLE.

Quoi ! jamais de repos —
Dans cette maison-ci ? — Je veux qu'on m'extermine,
Si j'y reviens.

Mad. DORSAN, *aigrement.*

Tant mieux.

EUGÉNIE, *naïvement.*

On maltraite Justine,
Parce que j'ai prié papa de l'embrasser.

Mad. DORSAN.

Oh! que depuis long-tems j'aurais dû la chasser.

JUSTINE.

Epargnez-moi ce mot, qui me rendrait suspecte ;
Sachez-vous respecter comme je vous respecte :
Adieu, Madame.

M. DORSAN, *retenant Justine.*

Non, vous ne sortirez pas.

Mad. DORSAN.

Si vous craignez, Monsieur, de perdre tant d'appas,
C'est à moi de sortir.

(13)

D'ARANVILLE.
                    Ma foi ! ne vous déplaise,
Je dirais, à sa place : Allez j'en suis bien aise.
                Mad. DORSAN.
Vous êtes son ami ! vous ! . . . il est trop réel,
Monsieur, qu'il n'eût jamais d'ennemi plus cruel.
                D'ARANVILLE.
Oui, vous avez raison : j'en conviens ; j'en enrage ; —
Car, hélas ! c'est à moi qu'il doit son mariage.
J'étais votre tuteur, — je le vis amoureux :
En l'unissant à vous, je crus le rendre heureux ;
D'un couple fortuné je crus devenir père.
Je me suis trompé ; — mais il est homme, et j'espère
Qu'enfin, las de souffrir tant de maux à la fois,
Il vous fera sentir son pouvoir et ses droits.
                Mad. DORSAN.
Son pouvoir et ses droits ! — despotisme effroyable !
A-t-il l'affreux pouvoir, le droit épouvantable,
De nourrir sous mes yeux, au sein de ma maison,
Un scandale ? —
                M. DORSAN.
                Arrêtez, — vous perdez la raison.
                Mad. DORSAN.
Je ne la perdrais pas, si vous aviez la vôtre.
                (*Montrant Justine*).
Bref ! il faut que d'ici nous sortions l'une ou l'autre.
Choisissez.
                JUSTINE.
                Eh, Madame ! après un tel affront,
Croyez que mon départ ne peut être trop prompt.
Je sors — avec un cœur plein de reconnaissance,
Et, malgré vos soupçons, avec mon innocence.
                Mad. DORSAN.
Soit ; mais qu'à mon retour, votre aspect odieux
Ne blesse plus ici ni mon cœur ni mes yeux.
(*Elle sort, et revient à M. Dorsan, et lui dit tout bas*) :
Il est un noir secret qui me reste à connaître.
Tremblez, — je le saurai dans une heure. — Adieu, traître !

          SCÈNE X.
LES PRÉCÉDENS, *excepté Mad. Dorsan.*
                D'ARANVILLE.
Eh bien ! de ton devoir on vient de t'avertir,

Mon courageux ami, — Justine va sortir,
Sans doute ?

EUGÉNIE.

Non, jamais on n'aura le courage.

JUSTINE.

Me croyez-vous celui de supporter l'outrage !
Et quelqu'un, sous vos yeux, fût-il jamais traité
Avec plus d'injustice et d'inhumanité ?

M. DORSAN.

Justine, il est trop vrai que ma femme.....

D'ARANVILLE.

Est un diable,

Une tête de fer, un cœur impitoyable.
Pauvre époux ! Laisse-là ton ridicule amour ;
Brise-moi tout cela ; — sois de fer à ton tour.
Comme un enfant craintif, te laissant battre à terre,
Tu dis : je veux la paix.—Eh ! morbleu, fais la guerre,
La paix, je t'en réponds, viendra dès aujourd'hui ;
Un mari, quand il veut, est le maître chez lui :

JUSTINE.

Adieu, mon bienfaiteur ; adieu mon Eugénie,
Pourvu que de vos cœurs, je ne sois point bannie...

M. DORSAN, la retenant avec fermeté.

Pas plus que de chez moi — viens, reste en sûreté.
J'ai pris mon parti.

D'ARANVILLE.

Bon ! un peu de fermeté,

Et sur-tout, mon ami, soutiens-la devant elle.

JUSTINE, à Dorsan.

Non, je dois vous sauver une guerre éternelle.
Ma vertu ne tient pas à d'injustes propos :
Mais c'est à mon départ que tient votre repos.
Adieu.

EUGÉNIE, toute en pleurs.

Quoi ! tu t'en vas ?

JUSTINE, pleurant aussi.

Il le faut bien, ma chère,

EUGÉNIE, vivement.

Eh bien ! attends ; je vais te mener chez ton père,
Ma bonne ; et tous les jours je veux aller te voir,
Si papa le permet.

M. DORSAN.
Je t'en fais un devoir.
(*Eugénie et Justine sortent*).

SCÈNE XI.
M. DORSAN, D'ARANVILLE.

M. DORSAN.
Quel adorable enfant ! Quel charmant caractère !

D'ARANVILLE.
Va, son mari sera plus heureux que son père.

M. DORSAN.
Tant mieux !

D'ARANVILLE.
Mais ces fureurs, comment les souffres-tu ?

M. DORSAN.
Ma femme, à ses travers, joint beaucoup de vertu.
Je l'estime, je l'aime, ah ! plutôt je l'adore,
Fût-elle plus injuste, et plus jalouse encore !
Son mal vient d'aimer trop, et dans la bonne foi
Je ne puis l'en punir, et m'en prendre qu'à moi.

D'ARANVILLE.
L'amour, à cet excès, te paraît gai peut-être ?

M. DORSAN.
Comment blâmer l'excès de l'amour qu'on fait naître ?
Mais elle a du bon sens : le tems et la raison,
De sa jalouse erreur détruiront le poison ;
Et son cœur détrompé par mon exemple même,
Sentira le besoin d'estimer ce qu'il aime.

D'ARANVILLE.
Soit ; mais dans cette attente, ô trop foible Dorsan,
Depuis seize ans entiers, ta femme est ton tyran !
N'es-tu pas las enfin d'un si vil esclavage ?
Toujours seul, enfermé, vivre comme un sauvage !
Avoir pu renoncer à cette autorité
Qui ne convient qu'à l'homme et peint sa dignité ! —
Ne crois pas qu'on te plaigne, au moins ; tant de faiblesse
Est un travers honteux dont on rit ; mais qui blesse, —
Tu ne sors qu'avec elle : on vous suit pour la voir,
Jusque sur ton regard, exercer son pouvoir.
D'une femme en passant, que l'œil sur toi s'arrête,
Soudain le sien s'allume et prédit la tempête
Qui ne manquera pas d'éclater au retour. —

Mettons, puisque j'y suis, ta honte en tout son jour;
Sans cesse pour nourrir le vautour qui te ronge,
Ton cœur droit et loyal se condamne au mensonge;
L'insensée ! en t'ôtant le repos, le bonheur,
T'ôte encor, le garant, le cachet de l'honneur,
La franchise : — en un mot, ta femme on la déteste;
On te fuit, — et je suis l'ami seul qui te reste.

M. DORSAN.

Si tu l'es, mon ami, sois donc plus généreux :
Ne me rappelle pas que je suis malheureux,
Sur-tout dans ce moment où déjà si troublée,
Par un coup imprévu, mon ame est accablée.

D'ARANVILLE.

Comment donc ?

M. DORSAN.

Mon ami, je me jette en tes bras,
Toi seul peux me tirer d'un terrible embarras.

D'ARANVILLE.

Que veux-tu ? je suis prêt.

M. DORSAN.

Vois d'abord cette lettre.

D'ARANVILLE (*lit.*)

A M. Dorsan, de Tours.

« Monsieur, une orpheline à laquelle vous vous in-
« téressez depuis sa naissance, vient de perdre la per-
« sonne à qui vous avez confié son éducation, et qui
« depuis seize ans lui a tenu lieu de mère. Mon minis-
« tère en ce pays est de recueillir les dernières dépo-
« sitions de ceux qui vont cesser d'être. La mourante
« m'a montré un écrit , par lequel vous la priez
« de vous renvoyer Clémence, son élève, quand
« elle se sentira près de sa fin. D'après cela, j'ai con-
« seillé à la très-intéressante orpheline d'aller trouver
« son protecteur à Paris. Elle arrivera deux jours après
« cet avis, si la présente ne souffre point de retard.
« Soyez tranquille. L'honnête conducteur auquel je
« l'ai remise, en aura le plus grand soin pendant le
« voyage ».

ANDRIEUX.

Quelle énigme !

M. DORSAN.
Mon cher, tu veux bien promettre
Un si... —

D'ARANVILLE.
A cela, je ne réponds jamais.

M. DORSAN.
Pardonne.

D'ARANVILLE.
Achève.

M. DORSAN.
Eh bien ! tu sauras que j'aimais,
Avant mon mariage, une adorable fille,
Qu'à mes vœux refusa mon avare famille :
Sa tendresse en secret me rendit son époux.
Une fille naquit de ce lien si doux :
Mais, hélas ! en naissant, elle perdit sa mère.
Eh bien ! ce cher enfant, qu'aux regards de son père,
La raison, la prudence ont soustrait dix-huit ans,
Ma Clémence, ma fille, est celle que j'attends.

D'ARANVILLE.
Eh bien !

M. DORSAN.
Si je ne puis, sans un péril extrême,
Sans nous risquer tous deux, l'aller chercher moi-même.

D'ARANVILLE.
Eh bien !

M. DORSAN.
Je dois trembler, à plus forte raison,
Si ce pauvre enfant paraît à la maison.

D'ARANVILLE.
Eh bien !

M. DORSAN, un peu impatienté.
Eh bien ! veux-tu me rendre le service ?

D'ARANVILLE.
De tromper ta jalouse et de flatter un vice
Que seize ans de douceur ont justement accru,
Et qu'elle n'aurait pas, si tu m'en avais cru.
Veux-tu ravoir enfin la paix qui t'est ravie ?
Crois-moi ! voici l'instant le plus beau de ta vie.
Allons chercher ta fille ; amenons-là chez toi,
Et dis bien fermement : Celle que loin de moi,

J'ai depuis si long-tems ; si lâchement bannie,
Pour jamais à son père est enfin réunie :
C'est ma fille.

M. D o r s a n.

Ah ! grands dieux ! comment d'un tel éclat,
Veux-tu qu'ici la paix soit l'heureux résultat ?
Ta pupille jamais n'eût été mon épouse,
Si, pour me conformer à son humeur jalouse,
Je n'avais pas fait vœu de lui cacher toujours,
Et l'histoire et le fruit de mes premiers amours.

d'A r a n v i l l e.

Ainsi pour ses beaux yeux, elle eût voulu peut-être
Que ton cœur s'enflammât avant de la connaître ?

M. D o r s a n.

C'est trop ; mais il fallait, pour vaincre sa rigueur,
Qu'elle crût, la première, avoir touché mon cœur.
L'amour et la raison m'ordonnaient le silence :
Et si j'ai pu seize ans me faire violence,
Dans l'espoir du repos dont je cherche à jouir,
Irai-je, en un clin-d'œil, le faire évanouir ?
D'ailleurs, songeons-y bien. — De cette infortunée,
Quelle eût été chez moi l'affreuse destinée ?
Que serait-elle encor ? Nous serions chaque jour,
De reproches, d'affronts, accablés tour-à-tour.
C'est ce qu'avait prévu sa malheureuse mère.
« O Dorsan, me dit-elle, à son heure dernière,
« Jure que si jamais tu formes d'autres nœuds,
« Ta femme ignorera le gage de nos feux.
« Une marâtre, hélas ! en ferait sa victime ».
Je l'ai fait ce serment, puis-je y manquer sans crime,
A moins qu'un de ces coups que l'on ne peut prévoir,
Que la nécessité ne m'en fasse un devoir ?
Eh ! d'ailleurs qu'elle vienne ! à l'instant on l'exile,
La pauvre enfant.

d'A r a n v i l l e.

C'est clair.

M. D o r s a n.

Je lui donne un asyle
Chez Gervais. — que n'est-elle en un lieu plus obscur!
Le plaisir de la voir n'en serait que plus sûr.

d'A r a n v i l l e.

Après, qu'en feras-tu ?

M. DORSAN.

Je mettrai tout mon zèle
A lui trouver bientôt un époux digne d'elle.
Ce parti, dans le fait, n'est-il pas plus prudent ?

D'ARANVILLE.

Oui ; d'après la promesse, et sur-tout l'ascendant
De ta femme, il faut bien lui dérober ta fille.
Tu l'appelles ?

M. DORSAN.

Clémence.

D'ARANVILLE.

Et tu la crois gentille ?

M. DORSAN.

Belle ! si de sa mère elle a le moindre trait.
De cette aimable mère, ici j'ai le portrait
Dans une boîte d'or.

(Il va à son secrétaire, il trouve le double fond ouvert,
et point de boîte).

O ciel ! mon secrétaire ! —
La boîte a disparu, — c'était là le mystère.

D'ARANVILLE.

Eh bien ! la boîte ?

M. DORSAN.

Eh bien ! je ne la trouve pas.
Je l'aurai mise ailleurs ; mais il faut de ce pas
Voler à mon secours : tu sens que le tems presse ;
Clémence va d'abord demander mon adresse :
Prends mon nom, s'il le faut, conduis-la chez Gervais ;
Moi, je t'attends ici.

D'ARANVILLE, *haussant les épaules.*

Pauvre mari ! — j'y vais.
(Il sort).

M. DORSAN.

Elle a, dans mon absence, ouvert mon secrétaire.
Je suis heureusement le seul dépositaire
Du secret de la boîte, et le portrait fatal,
Depuis long-tems, hélas ! n'a plus d'original. —
D'Aranville a raison : si je veux mettre un terme
A de trop longs tourrmens, il faut être plus ferme.
Changeons de note, enfin ; laissons-là cette paix
Que je cherchai toujours, et que je n'eus jamais.
Un peu moins de faiblesse et mon bonheur commence :

Mais pensons, avant tout, à ma pauvre Clémence,
Si dans son triste exil, je n'ai pu, sans danger,
L'aller voir un instant, même comme étranger,
Cachons à l'œil jaloux cette fille si chère. —
Epoux infortuné, sois du moins heureux père ! —
D'Aranville ou Blaisot vont bientôt m'avertir ;
Il faut, au moindre signe, être prêt à partir.

Fin du premier acte.

ACTE II.

Même décoration.

SCÈNE PREMIÈRE.
EUGÉNIE, FERVAL.

EUGÉNIE.

Et Gervais, par malheur, n'est pas à la maison ;
J'aurais voulu le voir, lui dire la raison
Qui fait sortir sa fille.

FERVAL.

        Il va l'apprendre d'elle.

EUGÉNIE.

Il aura, ce digne homme, une peine mortelle,
Et c'est ma faute encor ; mais Dieu ! peut-on penser
Qu'à ce point, pour un rien, maman va s'offenser ?
Cela ma fait venir une bien triste idée.

FERVAL.

Puis-je la savoir ?

EUGÉNIE.

        Oui ; je me crois décidée
A rester fille.

FERVAL.

O ciel !

EUGÉNIE.

        Ecoutez, mon ami,
Ma mère a des transports dont mon cœur a frémi.
D'où viennent-ils ? Voyons ?

FERVAL.

        Hélas ! de ce qu'elle aime,
De ce qu'elle est jalouse.

EUGÉNIE.

        Et si j'étais de même ?

Je trouve de papa le sort bien douloureux
Comme elle, si j'allais vous rendre malheureux ?

FERVAL.

Jamais.

EUGÉNIE.

Songez-y bien ; — enfin je suis sa fille ;
Qui sait ! la jalousie est un mal de famille,
Peut-être, et ce mal-là doit vous épouvanter ;
Car je vous aime assez pour vous bien tourmenter.

FERVAL.

Ah ! que vous auriez tort !

EUGÉNIE.

Sans-doute, — et de ma mère
Papa mérite-t-il l'éternelle colère ?
Depuis trois mois qu'ici me voilà de retour,
Je n'ai rien vu chez lui, que tendresse, qu'amour ;
Et pourtant —

FERVAL.

Votre mère est aussi malheureuse.

EUGÉNIE.

Raison de plus : — c'est donc chose très-dangereuse
Que de se marier quand on est né jaloux,
Puisqu'on fait tant souffrir soi-même et son époux ?
Faisons mieux, et prenons le parti le plus sage :
Aimons-nous toujours bien ; mais —

FERVAL.

Sans le mariage,
Sans toutes les douceurs qui suivent ce lien ;
Croyez-vous qu'à nos cœurs, il ne manquerait rien,
Belle Eugénie ?

EUGÉNIE.

Eh ! quoi ?

FERVAL.

Peut-être il est encore
Un bonheur précieux. —

EUGÉNIE, *avec un feu naif.*

Un bonheur que j'ignore,
Et que vous connaissez :—ah ! c'est bien mal à vous,
Mon ami.

FERVAL, *avec une chaleur graduée.*

Nous l'aurions, si j'étais votre époux.
Cette félicité dont l'espoir seul m'enflamme,

Est de n'avoir tous deux, et qu'un cœur et qu'une ame,
Dé mêler nos plaisirs, ainsi que nos ennuis,
D'être dans tous les cas, nos uniques appuis,
De confondre si bien mon être avec le vôtre,
Que nous ne puissions plus séparer l'un de l'autre.

(Ici M. Dorsan paraît).

EUGÉNIE, très-émue.

Ah , Dieux ? mais c'est charmant ! oh ! comme mon
cœur bat.
Où ce bonheur est-il ?

FERVAL.

Bien loin du célibat,
Et bien près de l'hymen , nœud solemnel et tendre,
Qui ferait plus d'heureux , si l'on voulait s'entendre.

EUGÉNIE.

Dans ce nœud solemnel ; si doux , si plein d'appas,
Il est donc très-commun qu'on ne s'entende pas ;
Car ici , par exemple :

FERVAL, embarrassé.

(A part)   Ici, belle Eugénie !
Que dire ?

EUGÉNIE.

Eh bien ? i i.

FERVAL.

La paix en est bannie
Depuis peu ;—mais enfin, ce n'est pas pour toujours.

SCÈNE II.

LES PRÉCÉDENS, M. DORSAN.

M. DORSAN, à Ferval.

Vous avez raison.

FERVAL.

Ah ! venez à mon secours,
Monsieur ; me voilà prêt à perdre ce que j'aime.

M. DORSAN.

Et qui vous le fait perdre ?

FERVAL.

Eugénie , elle-même.

M. DORSAN.

Pourquoi ?

EUGÉNIE.

C'est que j'ai peur d'avoir un cœur jaloux,

Et de le rendre un jour malheureux comme vous.
M. DORSAN.
(*A part.*)   (*Haut.*)
O danger de l'exemple ! Eh! qui t'a dit , ma chère,
Que j'étais malheureux ?
EUGÉNIE.
          Mais , j'ai des yeux, j'espère,
Et depuis mon retour, je l'ai vu si souvent
Que j'en ai regretté l'ennui de mon couvent.
Encore ce matin , Justine....
M. DORSAN.
          Est-ce à ton âge
Qu'on doit se supposer un jugement bien sage ?
Tu crois, depuis trois mois , mon sort bien rigoureux;
Mais si je fus seize ans parfaitement heureux,
Si j'ai dû ce bonheur à ton aimable mère ,
Si je lui dois celui d'être ton tendre père,
J'en appelle à ton cœur, à ta jeune raison :
Puis-je , de bonne foi , mettre en comparaison ,
Seize ans d'un calme pur avec un jour d'orage ?
Peut-être en ce moment j'ai besoin de courage ,
Contre une erreur qui nuit à sa tranquillité;
Mais malgré ses soupçons sur ma fidélité ,
C'est elle , et non pas moi, qu'il faut plaindre , ma
          chère ;
Ainsi, reçois Ferval de la main de ton père ,
Ne vas pas éloigner le bonheur de tous deux ,
Par la vaine frayeur d'un avenir douteux.
Si tu vois quelque mal , que ta raison l'évite :
Un exemple fâcheux ne veut pas qu'on l'imite ;
Mais quelque soit un jour le sort de tes liens,
S'unir à ce qu'on aime, est le premier des biens.
FERVAL, *avec le plus grand feu, embrassant M. Dorsan.*
Le meilleur des époux est le meilleur des pères :
     (*A Eugénie*).
L'hymen ne me promet que des destins prospères ;
Je ne puis qu'être heureux sous votre aimable loi.
Cependant à votre aise, accumulez sur moi
Tous les maux que peut faire une femme jalouse;
Faites-moi bien souffrir , mais soyez mon épouse.
EUGÉNIE.
Vous le voulez tous deux ? moi-même, sans mentir,

Quelque chose, tout bas, me dit de consentir
Allons donc ; écoutez.   Si la pauvre Eugénie,
De devenir jalouse a jamais la manie,
Et vous rend odieux ce nom si beau d'époux,
C'est votre faute au moins ; n'en accusez que vous.

FERVAL, *avec la plus grande tendresse.*

Jamais notre union ne sera dangereuse :
Pourrai-je seulement vous rendre assez heureuse,
Et mériter un cœur si sensible et si pur ?
J'en doute.

M. DORSAN.

Avec le vôtre, on doit en être sûr,
Plus que je ne le suis, de l'aveu de sa mère.

FERVAL, *avec effroi.*

Comment donc ?

M. DORSAN.

Mon ami, vous savez sa chimère,
Et je crains bien... ; mais chut !....

(*Madame Dorsan arrive, occupée de la boîte qu'elle*
tient. M. Dorsan se retire avec les jeunes gens au
fond du théâtre, et se rapproche peu à peu de sa
femme, après avoir fait signe à Eugénie et à Ferval
de ne se montrer qu'à propos.)

SCÈNE III.

LES PRÉCÉDENS *à l'écart*, Mad. DORSAN.

Mad. DORSAN.

Ceci cache un portrait,
Disent tous les marchands ; nul ne sait le secret.
J'ai voulu tout briser, dans mon impatience ;
Mais le portrait...

M. DORSAN, *de sang froid.*

Madame, ils n'ont pas ma science.

Mad. DORSAN, *surprise.*

O ciel !

M. DORSAN.

Et je puis seul vous la communiquer.

Mad. DORSAN.

Qui ? vous !

M. DORSAN, *à part.*

Elle n'est plus, je n'ai rien à risquer.)

(*Haut.*)

D'abord il est très-sûr, je ne dois pas m'en taire,
Que vous ayez eu tort d'ouvrir mon secrétaire ;

Un valet, d'un larcin, pouvait être accusé.

        Mad. D O R S A N.

L'on eût été par moi bientôt désabusé.
D'ailleurs, si vous craignez qu'ici l'on ne découvre
Des secrets importans, empêchez qu'on ne l'ouvre.

        M. D O R S A N.

Mais j'ai dû, ce me semble, avec quelque raison,
Me croire en sûreté, dans ma propre maison.
S'il faut qu'à chaque instant de tout je me défie,
J'aime mieux mourir.

        Mad. D O R S A N.

                Bien. Cette philosophie,
Malgré votre sang froid, malgré tous ses appas,
Je vous en avertis, ne me séduira pas.

        M. D O R S A N.

Tant pis.

        Mad. D O R S A N.

        Mais revenons ; — faites-moi confidence
Du secret.

        M. D O R S A N.

        Donnez.

    Mad. DORSAN, *avec un sourire amer.*

                Ah ! les lois de la prudence
Permettent-elles bien ce que vous demandez ?

        M. DORSAN *va pour sortir.*

Je ne demande rien.

        Mad. DORSAN *l'arrêtant.*

            Le secret !

        M. D O R S A N.

                Attendez ,
L'ordre de la prudence. —

        Mad. DORSAN *avec véhémence.*

                (*à part*).

                Ecoutez ; — Quel langage !
Jamais jusqu'à ce jour , il n'eût tant de courage.

    (*haut*).

Venez ; — voilà la boîte , et voyez à présent
Qui de nous deux, Monsieur, est le plus complaisant.

        M. DORSAN, *avec une ironie douce.*

Votre bonté toujours a surpassé la mienne ;
Mais pour ouvrir la boîte , il faut que je la tienne.

Mad. DORSAN.

Je n'aurai pas, je crois, lieu de m'en repentir :
Ma confiance. —

M. DORSAN, *du même ton.*

Eh ! mais, — vous devez bien sentir ,
Que je pourrais garder ce qu'on a pu me prendre.

Mad. DORSAN.

Comment ! otre projet, Monsieur ?

M. DORSAN, *d'un ton très-ironiquement mielleux.*

Daignez m'entendre.
Songez que du secret , unique possesseur,
Je ne l'accorderai qu'à beaucoup de douceur.
Je demande, avant tout, une grace moi-même.
(Il fait signe aux jeunes gens de s'avancer.)
Consentez à l'hymen de deux enfads que j'aime,
Et la boîte , à vos yeux , dans l'instant va s'ouvrir.

Mad. DORSAN.

Piége adroit ! Son cœur faux , aime à se découvrir
En tout. Va pour jamais, cache-moi ce mystère.
Je ne veux plus rien voir.

FERVAL.

Eh ! Madame !

EUGÉNIE.

O ma mère !

Mad. DORSAN, *avec fureur.*

Laissez-moi ; votre hymen ne sera point le prix
D'un complot aussi lâche , et d'un aveu surpris.

M. DORSAN, *flegmatiquement.*

Voilà la boîte ; adieu ; je ne veux rien surprendre.

Mad. DORSAN.

Sans me rien indiquer , vous osez me la rendre !

M. DORSAN, *toujours de sang-froid.*

Consultez les marchands.
(Il va pour sortir.)

Mad. DORSAN, *avec un cri.*

Où va-t-il !

M. DORSAN, *toujours sérieux.*

Au jardin.
*(Il emmène Ferval, et veut emmener Eugénie, que sa
mère retient.)*

SCÈNE IV.

Mad. DORSAN, EUGÉNIE

Mad. DORSAN.

Restez, Mademoiselle. Ah ! quel ton ! quel dédain !
Quel flegme désolant ! je suis hors de moi-même.

EUGÉNIE.

Mais il ne tient qu'à vous que....

Mad. DORSAN.

Paix ! Ferval vous aime ?

EUGÉNIE.

Oui, maman.

Mad. DORSAN.

Vous l'aimez ?

EUGÉNIE.

J'en suis folle.

Mad. DORSAN, *à elle-même.*

A quinze ans ,
Se préparer déjà des chagrins si cuisans.
(Haut.)
Et vous l'épouseriez ?

EUGÉNIE.

J'en aurais grande envie.
Il jure qu'il fera le bonheur de ma vie ;
Et cet hymen rendrait mon papa bien content.

Mad. DORSAN, *à part.*

Ah ! ce coupable père , il m'en jurait autant.
(Haut.)
Ma fille, écoutez-moi. Vous ignorez , sans doute ,
Dans ce triste lien, ce qu'il faut qu'on redoute.

EUGÉNIE.

Hélas! je ne sais qu'aimer de tout mon cœur.

Mad. DORSAN.

Eh bien ! contre Ferval armez-vous de rigueur.
L'amour, dans votre sein, est un serpent qui couve :
Craignez, à votre tour, les tourmens qu'on éprouve ,
Quand ce cœur qui s'était si tendrement donné,
Par un perfide époux se voit abandonné.

EUGÉNIE.

Oui ; c'est bien malheureux, et l'on est bien à plaindre,
Quand c'est vrai ; mais je crois que je n'ai rien à
craindre ;
Pour moi Ferval doit être, il me l'a bien promis,

Le plus fidèle amant , le meilleur des amis ,
Et des maris surtout ; en un mot, il espère,
Jusqu'au dernier soupir , ressembler à mon père :
Mon père que je vois si complaisant, si doux.

Mad. DORSAN, avec indignation.

Si faux, petite fille : ils se ressemblent tous.

(A part.)

Je m'égare. Un moment ; il me vient une idée.

(Haut.)

Approchez , Eugénie. Etes-vous décidée
A ce nœud qui pour vous, peut être moins fatal ?

EUGÉNIE.

Oui, pourvu que ce soit avec Monsieur Ferval.

Mad. DORSAN.

Vous ne vous plaindrez plus d'être contrariée.
Cela dépend de lui.

EUGÉNIE, avec une joie naive.

Me voilà mariée.

Mad. DORSAN.

Il est dans le jardin ; je veux l'entretenir.

EUGÉNIE.

Bon ! j'y cours : dans l'instant nous allons revenir.

(Elle sort.)

SCÈNE V.

M. DORSAN, seule.

Il faut bien, malgré moi, pour démasquer un vice,
Que voile tant d'adresse, employer l'artifice ;
Et le coupable objet de mes justes soupçons,
Me contraint, à la fin, de suivre ses leçons.
Mais depuis quand joint-il l'ironie à l'outrage ?
De mon tuteur , ici, je reconnais l'ouvrage.
Mon mari cède enfin à ses conseils affreux.
De l'amour de Ferval, il faut m'armer contre eux :
A son âge le cœur aime avec violence ;
Il pourra me servir. Je l'aperçois. Silence !

EUGÉNIE, à Ferval en l'amenant.

Oui ; bientôt, mon ami, vous serez mon époux,
Car ma chère maman dit qu'il ne tient qu'à vous.

Mad. DORSAN.

Retirez-vous , ma fille.

(Eugénie rentre au jardin, et en ferme la porte, jus-
qu'à ce que sa mère, qui la suit des yeux, se soit
retournée ; ensuite elle revient doucement et se cache
derrière un rideau pour entendre.)

SCÈNE VI.

Mad. DORSAN, FERVAL, EUGÉNIE, *cachée.*

Mad. DORSAN.

Ah ! çà, Monsieur , j'espère
Que vous n'en voudrez pas à la sensible mère ,
Qui connaissant les maux attachés à l'hymen ,
Veut en sauver sa fille. Un sévère examen
De l'époux qu'aujourd'hui l'on propose pour elle ,
Est bien permis , sans-doute, à l'amour maternelle ;
Et veut beaucoup de tems:

FERVAL.

Vous me faites frémir.
Combien, loin du bonheur, ai-je encore à gémir ?
Madame , ayez pitié des tourmens que j'endure ;
Autant que son objet , croyez ma flamme pure :
De cet objet charmant , confiez-moi le sort.
Moi ! faire son malheur ! Je crois sentir la mort ,
D'y penser seulement. O ma chère Eugénie !
De ton ame , à jamais, cette crainte est bannie !
Le vice n'est pas fait pour profaner un cœur
Qu'habiteront toujours ton image et l'honneur.

Mad. DORSAN.

Je crois à votre amour ; mais il m'en faut la preuve.
Vous craignez, je le vois, une trop longue épreuve.
Il ne tient qu'à vous , Monsieur, de l'abréger :
Voici donc à quel prix, je puis vous protéger.

(*Un silence.*)

J'ai de M. Dorsan , quelque droit de me plaindre ;
Un époux tel que lui pour ma fille est à craindre.

FERVAL, *avec feu.*

Un époux tel que lui ! qu'a-t-il de dangereux ?
Si je lui ressemblais , je serais trop heureux.

Mad. DORSAN.

A ce cruel époux, auteur de mon supplice,
Vous voulez ressembler ? Vous êtes son complice.
Vous n'aurez point ma fille.

FERVAL, *au désespoir.*

O ciel ! que dites-vous ?

Mad. DORSAN.

Qu'avez-vous dit, vous-même ?

FERVAL.

Imiter votre époux ,

Dans tout le bien qu'il fait, est-ce un vœu condamnable ?
Partout où je le vois, vertueux, respectable,
Monsieur Dorsan ressemble aux hommes les meilleurs ;
Mais je ne sais pas bien ce qu'il peut être ailleurs.

Mad. DORSAN.

Vous avez de l'esprit.

FERVAL, *avec sensibilité.*

Hélas ! je n'ai qu'une ame,
Quel espoir soutiendrait, qu'un pur amour enflamme.
Je la mets en vos mains : ordonnez de mon sort ;
Je demande à vos pieds, Eugénie ou la mort.

Mad. DORSAN.

Levez-vous. En deux mots ; il n'est pas impossible,
Qu'épouse soupçonneuse, amante trop sensible,
Je suppose à Dorsan bien des torts qu'il n'a pas ;
Mais ce doute est affreux : tirez-nous d'embarras.
Vous êtes son ami ?

FERVAL.

Du moins j'ose le croire ;
J'en ai fait jusqu'ici mon bonheur et ma gloire.

Mad. DORSAN.

Eh bien ! vous pouvez donc, en cette qualité,
Vous permettre avec lui plus d'assiduité ;
Suivre partout ses pas avec un tendre zèle,
Et m'en rendre sur tout un compte très-fidèle.

FERVAL.

Ciel ! sous le nom d'ami, devenir délateur !
Un tel emploi, Madame, est assez peu flatteur ;
Il faut en convenir.

Mad. DORSAN.

Aimez-vous Eugénie ?

FERVAL.

Oui, je l'adore : mais je hais l'ignominie ;
Et dans un tel accord si j'étais de moitié,
Je ferais trop rougir l'amour et l'amitié.

Mad. DORSAN.

Ainsi, de mon mari la conduite est suspecte,
Puisque vous craignez tant, Monsieur ?

FERVAL.

Je la respecte ;
Je ne l'observe point.

Mad. DORSAN, *les dents serrées.*

Vous avez très-grand tort,
Et vous n'épouserez ma fille qu'à ma mort.

(31)

EUGÉNIE, *survenant.*

Et pourquoi faut-il donc, monsieur, que maman meure,
Pour que vous m'épousiez ? consentez tout-à-l'heure :
Suivre partout mon père, est-ce un pénible emploi ?
Si cela se pouvait , je le suivrais bien, moi;
Et comme il ne fait rien dont il puisse avoir honte,
Sans scrupule , à maman, de tout je rendrais compte.

Mad. DORSAN.

Vous nous écoutiez donc ?

EUGÉNIE.

Oui ; j'ai tout entendu.

Mad. DORSAN.

Je croyais cependant vous l'avoir défendu.

EUGÉNIE.

Oh ! je n'écoute pas les affaires des autres ;
    (*Regardant Ferval.*)
Mais j'écoute souvent, quand il s'agit des nôtres ,
Et c'est bien naturel ; avouez-le , maman ?

Mad. DORSAN, *à part.*

La petite indiscrette a brouillé tout mon plan.

SCÈNE VII.

LES PRÉCÉDENS, GERVAIS, JUSTINE , *ensuite*
M. DORSAN.

GERVAIS, *à sa fille.*

Voici, Madame : allons , venez, Mademoiselle;
Je veux de tout ceci, m'expliquer devant elle.
Madame est trop humaine , elle a trop de raison ,
Pour chasser, sans sujet, quelqu'un de sa maison.

Mad. DORSAN, *à Justine.*

Par quel hasard ici vous vois-je reparaître ?

JUSTINE.

Mon père me ramène.

GERVAIS.

Oui , vous voudrez peut-être
Excuser un vieillard , un père au désespoir ,
Qui craint que son enfant n'ait trahi son devoir

Mad. DORSAN.

Connaissez-vous sa faute ?

GERVAIS.

Hélas ! non ; je l'ignore.
J'interroge, on se tait ; mais c'est vous que j'implore.
Instruisez-moi, de grace, et calmez mon effroi.

Mad. D O R S A N.

Votre maître, qui vient, le pourra mieux que moi.
Il en sait davantage.

(Elle va pour sortir.)

M. DORSAN, en entrant, à part.

Ah ! ah ! que fait ma femme
Avec ce bon Gervais et Justine ?

JUSTINE, se mettant au-devant de Mad. Dorsan.

Madame,
L'humanité, l'honneur, tout doit vous inviter
A déclarer mon crime, avant de nous quitter.

Mad. D O R S A N.

Peut-on porter plus loin l'audace et l'impudence !
De ton père inquiet, par pitié, par prudence,
Je voulais ménager la sensibilité.
Tu le veux ? Je dirai l'affreuse vérité.
Gervais, c'est ce matin, sous mes yeux, ici même,
Qu'avec tous les transports d'une tendresse extrême,
Ta fille, à mon époux, accordait un baiser.

G E R V A I S.

Elle !

E U G É N I E.

Eh ! non pas ; un mot va vous désabuser ;
C'est moi.

M. DORSAN, à Eugénie avec douceur.

Paix !

GERVAIS, à sa fille.

Répondez ?

JUSTINE, avec dignité.

L'innocent qu'on soupçonne,
Souffre en paix qu'on l'accuse, et n'accuse personne.

G E R V A I S.

(A M. Dorsan.)

C'est sa seule réponse. Ah ! Monsieur ! par pitié,
Si vous me conservez un reste d'amitié,
Otez-moi, d'un seul mot, le fardeau qui m'accable.
Dites-moi, seulement : elle n'est pas coupable,
Je suis content.

M. D O R S A N.

Gervais, s'il existe un cœur pur,
C'est celui de ta fille.

GERVAIS, avec une joie excessive.

A présent, j'en suis sûr.

M. Dorsan, *continuant.*

Ce prétendu baiser reçu par l'innocence,
Fut donné, mon ami, par la reconnaissance
Que je dois à Justine , à ses soins complaisans.
J'ai cru contre mon cœur presser mes deux enfans.
C'est tout. Madame arrive , on devine le reste.

Gervais.

Je comprends ; en effet, Justine est si modeste !
En y réfléchissant , je ne concevais point
Qu'elle eût pu près de vous s'oublier à ce point.
Madame , en se trompant a pourtant été prête
A perdre pour jamais une jeunesse honnête , ..
Qui chérit la vertu, qui n'a pas d'autre bien ,
Pour qui, sans celui-là, les autres ne sont rien.
Sur toi, ma chère enfant , me voilà plus tranquille.
Viens, retournons en paix dans notre obscur asyle ?
Et vous , Madame, vous, pensez avant d'agir ,
Et n'exposez personne au chagrin de rougir.

Mad. Dorsan, *à son mari.*

Voilà pourtant à quoi vos procédés m'exposent !
Les affronts inouis, les tourmens qu'ils me causent,
Pour cette fois, j'espère , ont assez de témoins !
Des valets impudens peuvent, grace à vos soins ,
M'injurier en face , et de leur insolence
Vous me vengez, Monsieur, par un profond silence.

M. D'orsan.

Je vais parler, ceci devient trop sérieux.
Autour de vous, Madame, osez lever les yeux ;
Contemplez votre ouvrage, et comptez les victimes
Que vous vous immolez sans indiquer leurs crimes.
Les miens, je les connais, je suis votre mari ,
Suspect et malheureux pour être trop chéri :
Aussi je souffre en paix ; mais quels droits sont les vôtres
Pour blesser, outrager , persécuter les autres ?
Voyez ce bon vieillard , dans sa fille offensée ,
D'un service bien long , si mal récompensé.
Voyez sa fille , objet de votre violence,
Garder sur vos fureurs un généreux silence.
Voyez notre Eugénie, à qui votre rigueur
Enlève un double bien nécessaire à son cœur ,
L'amant qu'elle préfère , et Justine qu'elle aime ;
Et puisqu'il faut finir par me citer moi-même ,

3

Moi , votre unique ami , votre fidèle époux ,
Incessamment en butte à vos transports jaloux.
Laissez-vous donc toucher par ce triste spectacle :
Au bonheur de vos jours cessez de mettre obstacle.
Rappelez-moi ces tems si précieux , si doux,
Où ma femme, en l'aimant, estimait son époux.
Viens aux pieds de ta mère, ô ma pauvre Eugénie !
Ta prière innocente , à ma tendresse unie,
Fléchira, changera ce cœur né généreux.
Qui n'est fait que pour voir et faire des heureux.

    EUGÉNIE, *à genoux aux pieds de sa mère.*

Maman !

       Mad. D O R S A N.

    Viens dans mes bras, je sens couler mes larmes.

(à M. Dorsan).

Viens aussi, mon ami, viens, je te rends les armes.
Je cède à ta bonté , je cède à ta raison ,
Et mon cœur attendri leur doit sa guérison.

(à Gervais).   *(à Justine).*

Oublions tout , Gervais ; toi, reste ici ma chère.

    JUSTINE, *avec sensibilité.*

Non, Madame , il est tems que je songe à mon père ;
Qu'il reçoive de moi, les soins et les secours
Que sa fille aurait dû lui prodiguer toujours ;
Et je pairai bien mieux ce tribut légitime ,
Puisqu'en quittant ces lieux j'emporte votre estime.

    E U G É N I E.

Quoi ! tu t'en vas encor ?

*(Scène muette entre Eugénie, Gervais et Justine ; ces
derniers sortent).*

    Mad. D O R S A N.

       Je ne puis la blâmer.

Ah ! le premier des biens est de se faire aimer :
J'en conviens, je le sens ; de ma triste conduite
La haine , l'abandon , devaient être la suite ;
Et toi , dont le bonheur était empoisonné
Par mes transports jaloux, tu m'as tout pardonné.
Trop long-tems à ton cœur le mien a fait injure ;
Tu ne te plaindras plus d'une erreur que j'abjure.

    (*Elle lui donne la boîte d'or*).

Tiens , reprends cette boîte et son fatal secret ;
Il a fait mon tourment , je l'avoue à regret :

Mais à tous mes soupçons pour jamais je renonce.

M. DORSAN.

Je vais te l'indiquer; c'est ma juste réponse.

(à part).

Je dois ce sacrifice à sa tranquillité.

(Il ouvre le double fond de la boite, au moyen d'un
ressort).

Mad. DORSAN, *voyant un portrait.*

Ciel ! un portrait de femme !

M. DORSAN.

Eh bien ! en vérité,
De tes transports jaloux te voilà revenue ,
Je m'en aperçois.

Mad. DORSAN, *avec émotion.*

Mais une femme inconnue !

EUGÉNIE , *regardant par-dessus l'épaule de Mad.*
Dorsan.

Oh ! comme elle est jolie !

M. DORSAN.

En deux mots, finissons.
Je ne veux point laisser matière à tes soupçons :
Crois-moi, né de l'idée et de la fantaisie ,
Ce portrait n'a pas droit d'armer ta jalousie;
Je me voue à jamais au sort le plus fatal ,
Si l'univers entier a son original.

Mad. DORSAN.

C'en est assez; de moi je suis enfin maîtresse.
Je garde ce bijou, présent de ta tendresse;
A nos jeunes amans je permets d'espérer
Qu'ils s'uniront un jour ; et pour mieux réparer
L'injure qu'a soufferte une honnête famille ,
Je cours au bon Gervais redemander sa fille.

SCÈNE VIII.

LES PRÉCÉDENS, D'ARANVILLE *entre au moment*
où Mad. Dorsan embrasse son mari.

D'ARANVILLE.

Ah ! l'on s'embrasse ici? Parbleu! c'est du nouveau ,
Pour le coup.

Mad. DORSAN, *dédaigneusement.*

Vous trouvez?

D'ARANVILLE.

J'aime fort ce tableau.
C'est un original dont la copie est rare.

Mad. Dorsan, *avec l'air de ne guère aimer d'Aranville.*
Elle le sera moins , Monsieur, et je déclare ,
Que si de l'amitié les soins officieux
Ne troublent plus la paix qui renaît dans ces lieux ,
On l'y verra long-tems.   (*Elle sort*).
                    D'ARANVILLE.
                        Bon ! un trait d'épigramme,
Qui ne peut me blesser, décoché par ta femme :
Jusqu'à ce que ton cœur se soit bien raffermi ,
Je n'en serai pas moins ton guide, ton ami.
                (*Il le prend à part*).
Ah ! çà, la pauvre enfant, d'hier est arrivée.
            M. Dorsan, *à basse voix.*
Ah! grands dieux, mon ami, tu ne l'as point trouvée ?
                D'ARANVILLE.
Non vraiment. Le pis est que comme de raison ,
Elle a de prime-abord, demandé ta maison,
Maison connue. As-tu quelque valet fidèle
Qui veille ?

            M.   DORSAN.
            Mes gens ne veillent que pour elle:
Elle passe sa vie à les interroger.
                D'ARANVILLE.
Eh bien ! si l'un de nous restait !
                M.   DORSAN.
                            Autre danger ;
Autre objet de soupçons.
                D'ARANVILLE, *réflexion subite.*
                        Près des messageries ,
Il est , comme tu sais , quelques hôtelleries.
                M.   DORSAN.
Fort bien; c'est le plus sûr.
            EUGÉNIE, *à Ferval, tout bas.*
                        Qu'ont-ils donc ?
        FERVAL, *de même et bien tendrement.*
                            Taisez-vous.
                D'ARANVILLE.
Ne perdons pas de tems. Ferval, viens avec nous.
        (*bas à M. Dorsan*).
C'est un garçon prudent qui peut nous être utile.
            EUGÉNIE, *naïvement.*
Vous le ramenerez ?

D'A R A N V I L L E.
    Oui, oui, vas, sois tranquille ;
Nous répondons de lui.

                    (*Ils sortent*):

SCÈNE IX.
EUGÉNIE, *seule*.
                Mais, voyez donc un peu
Cette rage qu'il a d'emmener son neveu !
Il aurait pu du moins me tenir compagnie :
Me voilà toute seule ; il faut que je m'ennuie.
C'est bien désagréable. — Un jour ils s'uniront,
Dit ma mère ; et quel jour ? cela sera-t-il prompt ?
Il me tarde bien fort de devenir épouse ,
Seulement pour savoir si je serai jalouse.
Quel silence à présent ! si j'allais chez Gervais ?
Non, peut-être maman le trouverait mauvais.
Il faut rester. — Que faire ? — Ah ! j'ai là les paroles
Qu'il m'a faites , sur l'air dont nos dames sont folles.
Allons à mon piano. — Je ne crains plus l'ennui,
Et je chanterai bien ; la chanson est de lui.
        (*Elle entre dans un cabinet où est son piano*).
        Fin du second acte.

ACTE III.
SCÈNE PREMIÈRE.
BLAISOT, *seul*.
Parbleu ! j'étais bien dupe , il en faut convenir.
Le carosse aujourd'hui n'a pas voulu venir ;
Et ce n'est ma foi pas une grande merveille :
Pourquoi ? C'est qu'il était arrivé de la la veille,
Un quidam me l'a dit, et comme de raison
Je m'en suis revenu tout droit à la maison.

SCÈNE II.
EUGÉNIE , BLAISOT.
        E U G É N I E.
Ah ! ah ! c'est toi Blaisot ?
        B L A I S O T.
            C'est moi , Mademoiselle ,
Qui vous fait compliment.
        E U G É N I E.
        De quoi ?

BLAISOT.

D'une nouvelle

(*Souriant finement*).
Que vous savez déjà , j'en suis sûr.

EUGÉNIE,

Mon Dieu ! non.

BLAISOT.

Madame de Ferval ! c'est un bien joli nom ,
Pas vrai ? Qu'en pensez-vous ?

EUGÉNIE.

Bien plus joli qu'un autre.

BLAISOT.

Eh bien ! ce joli nom sera bientôt le vôtre.

EUGÉNIE.

Quoi ! tu sais ?

BLAISOT, *avec une finesse confiante.*

Chut ! suffit que je sais le fin mot.
Tout est dit ; et celui de Madame Blaisot,
Comment le trouvez-vous ?

EUGÉNIE.

Charmant !

BLAISOT.

C'est à Justine

Que votre serviteur aujourd'hui le destine :
Je me fais un devoir de vous en prévenir ;
Mais je ne la vois pas.

EUGÉNIE.

Elle va revenir ,

Peut-être.

BLAISOT.

Elle est dehors ?

EUGÉNIE.

Pour une bagatelle.

SCÈNE III.

LES PRÉCÉDENS, Madame DORSAN.

EUGÉNIE, *à sa mère qui entre.*

Eh bien ! chère maman ! Justine revient-elle ?

Mad. DORSAN.

Justine était absente, avant la fin du jour.
J'irai la voir encore et presser son retour ,
Auquel je crois pourtant que j'ai tort de prétendre.
Elle est fière , ta Bonne !

EUGÉNIE.

Oui ; mais elle est si tendre.

BLAISOT, *avec l'air d'en savoir quelque chose.*

Oh ! pour ça j'en réponds.

EUGÉNIE.

Si vous le permettez,
Je vais dans un billet lui peindre vos bontés.
Blaisot le portera.

Mad. DORSAN.

Soit. Dis bien à ta Bonne,
Que je l'attends ici pour qu'elle me pardonne.
A propos, j'oubliais un grand événement ;
J'ai trouvé mon mari, son ami, ton amant,
Qui tous trois, m'ont-ils dit, allaient chez un Notaire.
Devines-tu pourquoi ?

EUGÉNIE, *souriant ingénument.*

Non, mais laissez-les faire.
Ah ! si je dois avoir mon amant pour époux,
Il me sera plus cher en le tenant de vous.

(*Elle sort*).

SCÈNE IV.

Madame DORSAN, BLAISOT, *à l'écart.*

Mad. DORSAN, *à part.*

Le mal qu'on sait n'est rien près du mal qu'on redoute.
Pour séduire un valet, je sens ce qu'il m'en coûte ;
Mais il faut à mon sort payer ce vil tribut :

(*haut*).

Tu t'éloignes, Blaisot ? tu supposes, je gage,
Que je vais te gronder ?

BLAISOT, *à part.*

Mais c'est assez l'usage.

Mad. DORSAN.

Approche et ne crains rien. Pourtant à la rigueur,
Je pourrais t'accuser des tourmens de mon cœur.

BLAISOT.

Moi ! Madame ?

Mad. DORSAN.

Oui, Blaisot. C'est toi qui suis ton maître
En tout tems, en tous lieux ; toi seul peux donc connaître
Les endroits qu'il fréquente et tout ce qu'il y fait.
Je sens que mon bonheur ne peut être parfait,
Si d'un époux si cher j'ignore la conduite.

Tu vois, par ton silence, à quoi tu m'as réduite,
A le persécuter, à vous tourmenter tous ;
Va, quand l'amour voit clair, l'amour n'est point jaloux.

B L A I S O T.

C'est vrai; mais par malheur on dit qu'il n'y voit goutte.
Le vôtre, par exemple, est toujours dans le doute ;
A vous ouvrir les yeux on met tout son savoir,
Et vous, vous les fermez exprès pour ne rien voir,
Ou bien vous les ouvrez pour voir tout effroyable.
Si j'accusais Monsieur, oh ! je serais croyable !
Mais comme je ne puis en dire que du bien,
Blaisot vous est suspect, et Blaisot ne dit rien :
Oh ! que je ne suis pas comme ces domestiques,
Bien fourbes, bien fripons, flatteurs, bien politiques,
Qui pour vous trahiront votre époux aujourd'hui,
Et demain, à coup sûr, vous trahiront pour lui.
Je ne sais, d'honneur pas, à quoi pensent les maîtres,
De prodiguer l'argent pour s'entourer de traîtres !
Moi, j'ai pris mon parti : tout entendre, tout voir,
Ne pas souffler le mot ; c'est-là tout mon devoir.

Mad. D O R S A N.

Ce procédé, Blaisot, te paraît-il honnête,
Quand un mot peut calmer et mon cœur et ma tête ?
Si tu n'as de ton maître à dire que du bien,
Te taire, c'est risquer son repos et le mien.
Malgré l'intimité du nœud qui nous rassemble,
L'usage nous défend d'être toujours ensemble ;
Mais qu'il me serait doux d'apprendre à son retour,
Que même en mon absence il songe à notre amour
Que je suis en tous lieux présente à sa pensée !
En quoi ta probité serait-elle offensée ?
En quoi trouverais-tu blâmable ou dangereux,
Un zèle qui rendrait deux époux plus heureux ?

B L A I S O T.

Vraiment je parlerais, ce n'est pas là l'histoire ;
Mais qui me répondra que vous voudrez me croire ?
Car passer pour menteur lorsque l'on dit le vrai,
C'est fort désobligeant.

Mad. D O R S A N.

Eh bien ! fais-en l'essai.
Sur ta sincérité me voilà rassurée.

(41)

Tes soins entretiendront la douce paix jurée
Entre ton maître et moi.

     B L A I S O T.

   Depuis quand ?

  Mad. D O R S A N.

         De tantôt.

     B L A I S O T.

Pour combien ?

    Mad. D O R S A N.

   Pour toujours ; il ne tient qu'à Blaisot.

     B L A I S O T.

Il faudrait donc vous rendre un compte ?

    Mad. D O R S A N.

       Oui , bien fidèle.

     B L A I S O T.

Oh ! si je vous promets , fiez-vous à mon zèle ;
Et puis d'ailleurs faisons un accord entre nous :
Justine va rentrer ; me voilà son époux :
Tandis que j'épierai le mari de Madame ,
Il faudra que Madame épie aussi ma femme ;
Et puisque de nos cœurs le repos dépend d'eux ,
Nous aurons intérêt à dire vrai tous deux.

   Mad. DORSAN , *se détournant.*

Juste Ciel ! à ce point j'ai pu me compromettre ! .....
Allez voir si ma fille achève enfin sa lettre.

       (*Blaisot sort*).

  (*seule*).

Ferval m'a refusée au nom de l'amitié ;
Blaisot veut avec lui me mettre de moitié.
Voilà le prix honteux d'un honteux stratagème.
C'en est trop , il est tems de rentrer en moi-même ;
Cessons de tourmenter, d'outrager mon époux :
Sur sa fidélité puisqu'ils s'accordent tous ,
Croyons, pour mon repos, qu'il est ce qu'il doit être.

  UN VOITURIER, *à un valet dans la coulisse.*

De ce logis, enfin, montrez-moi donc le maître ?

   Mad. D O R S A N.

Vous voyez la maîtresse.

    LE VOITURIER.

      Ah ! Madame , excusez.
Voilà mon *memento*, tenez , voyez , lisez.
Il présente son livre à Mad. Dorsan, qui lit ce
     qui suit).

Allez chez M. Dorsan, de la part d'une jeune personne qui lui est adressée de Tours, et lui annoncer
son arrivée.

(Quand elle a lu, le Voiturier reprend son registre).
Eh ! quelle est , mon ami , cette jeune personne ?

LE VOITURIER.

Ah ! je n'en sais rien ; mais à ce que je soupçonne ,
Elle est très comme il faut. J'aurais bien dû venir
Hier au soir , mais on est trop pressé pour tenir
Tout ce que l'on promet.

Mad. DORSAN.

Qu'est-elle devenue ?

LE VOITURIER.

Je la crois dans l'auberge où je l'ai descendue.
Dans une auberge là tout prêt de nos bureaux.

Mad. DORSAN, *à part.*

O Ciel ! faut-il m'attendre à des tourmens nouveaux !
(Haut).

Conduisez-moi , je veux l'aller chercher moi-même.

LE VOITURIER, *avec confiance.*

Vous allez bien l'aimer , car tout le monde l'aime.
(Elle sort avec le Voiturier).

SCÈNE V.

BLAISOT, *seul, ensuite* CLÉMENCE.

BLAISOT.

Madame, ah ! ah ! Madame, et la voilà qui part.
Bon voyage ; pourtant je suis un fin renard.
Là, c'est la vérité , son œil me cherchait l'ame,
Mais Monsieur ne fait rien qui mérite le blâme,
Et quand cela serait , bien loin de l'avertir,
Quitte à mourir de faim , j'aimerais mieux sortir.
C'est un cruel tourment que cette jalousie !
Après tout laissons-la faire à sa fantaisie,
Et liés une fois par le nœud conjugal,
Allons , Justine et moi , chez Monsieur de Ferval.
Il faut absolument changer de domicile,
Parce que dans le vrai , j'aime à vivre tranquille.
Souvent sur le bonheur , j'entends de beaux propos ;
Le bonheur, mes amis , n'est rien que le repos.
Eh ! bon Dieu! que de tems pour un chiffon de lettre!
Finira-t-elle ? ah ! ah !

(43)

Il voit Clémence, conduite par un valet, qui se retire
après l'avoir amenée dans le sallon).
CLÉMENCE, *arrivant à pas lents.*
Quel accueil me promettre,
Hélas !
BLAISOT, *s'approchant.*
Mademoiselle, un minois si joli
Vous en promet un bon.
CLÉMENCE.
Vous êtes trop poli,
Monsieur.
BLAISOT.
Moi ? point du tout : votre figure annonce.
CLÉMENCE, *à part.*
L'avis n'est point reçu, puisqu'il est sans réponse.
BLAISOT, *familièrement.*
Qui vous amène ici ?
CLÉMENCE.
C'est à Monsieur Dorsan
Que je voudrais parler, Monsieur.
BLAISOT.
Il est absent.
CLÉMENCE.
Eh bien ! je reviendrai.
BLAISOT, *l'arrêtant par le bras.*
Vous êtes bien pressée ;
Contez-moi.
CLÉMENCE.
C'est à lui que je suis adressée.
BLAISOT, *à part.*
Ah ! pourquoi pas à moi ?
CLÉMENCE.
C'est lui qui doit savoir
L'objet qui me conduit.
BLAISOT.
En ce cas au revoir.
Si vous voulez demain faire votre visite,
Vous trouverez Monsieur.

SCÈNE VI.

EUGÉNIE *survient, et donne sa lettre à Blaisot.*
Tiens, mon ami, va vîte.

(A part).
Ah ! l'aimable personne !
(Elles se saluent; Blaisot les regarde avec étonnement).
Eugénie, avec un petit dépit.

Allons , Blaisot , vas-t'en.
Blaisot.
(bas à l'oreille de Clémence).

Je pars. Mademoiselle, est de Monsieur Dorsan ;
La fille, ('fille unique), et se nomme Eugénie.
(Il sort très-vite après cette confidence).

SCÈNE VII.
EUGÉNIE, CLÉMENCE.

Eugénie regarde quelque tems Clémence avec beau-
coup d'attention, mélée d'intérét ; et dit naïvement ;
Je sens, en vous voyant, une joie infinie,
Mademoiselle, vrai.
Clémence.

C'est un grand bien pour moi.
Eugénie.
(à part).

Ah ! tant mieux. Mon cœur bat, je ne sais pas pourquoi.
Eh ! quelle est-elle donc cette jeune étrangère !
(Haut).

Qui depuis un instant ? Rassurez-vous, ma chère.
(A part).
Pourquoi donc à la voir ai-je tant de plaisir ,
Que de la voir toujours j'ai déjà le désir ?
(Haut, après un tems).
Tenez, embrassons-nous, car je m'en meurs d'envie.
Clémence.

Ah ! d'un si doux accueil que mon ame est ravie !
Je sens couler mes pleurs.
Eugénie.

Je vais pleurer aussi.
C'est singulier ! Qui peut nous attendrir ainsi ?
Clémence.

Vous, c'est la pitié : moi, c'est la reconnaissance.
Eugénie.

Vous ne m'en devez pas. Je cède à la puissance
D'un sentiment bien doux , qui n'est pas la pitié ;
Et je croirais plutôt que c'est de l'amitié.

CLÉMENCE.

Je suis plus digne, hélas ! de l'une que de l'autre ,
Et je viens l'implorer.

EUGÉNIE.

Quel sort est donc le vôtre ?
Dites , ma bonne amie ? oh ! dites-moi bien tout.
Si de vous obliger je puis venir à bout ,
Savez-vous qui des deux sera la plus heureuse ?
Eh bien ! ce sera moi.

CLÉMENCE.

Quelle ame généreuse ?

EUGÉNIE.

Eh! mon Dieu! calmez-vous. Vous voilà toute en pleurs ;
Vous avez sûrement eu de bien grands malheurs.

CLÉMENCE.

Un seul les a fait tous ; c'est ma triste naissance.
Le sort de mes parens, m'ôta la connaissance.
Dès l'enfance , élevée aux environs de Tours ,
J'ai dû tout mon bien-être aux généreux secours
Que daignait m'accorder Monsieur Dorsan.

EUGÉNIE, *avec feu.*

Mon père ?

CLÉMENCE.

Lui-même , il me donna , pour me servir de mère ,
Une femme prudente et pleine de raison :
J'habitai dix-huit ans sa paisible maison.
Avec tant de vertu, pourquoi faut-il qu'on meure ?

EUGÉNIE.

Elle est morte ?

CLÉMENCE.

Hélas ! oui , jour et nuit je la pleure ;
Mais à Monsieur Dorsan je devais cet appui ,
Et je viens en chercher un autre auprès de lui.

EUGÉNIE.

Ah ! comptez sur mon père, il le sera lui-même.
L'avez-vous déjà vu ?

CLÉMENCE.

Non, jamais , et je l'aime;
Je l'aime cent fois plus, qu'un simple bienfaiteur,
Et comme de ses jours on aimerait l'auteur.
Par vos soins généreux je le verrai , j'espère :
Sans peine, en le voyant, je croirai voir mon père.

EUGÉNIE.
Et moi, je me promets mille et mille douceurs ;
Si vous restez ici, nous serons les deux sœurs.
CLÉMENCE.
Ah ! par quel doux penchant je me sens entraînée.
EUGÉNIE.
Vous avez dix-huit ans ?
CLÉMENCE.
Oui.
EUGÉNIE.
Vous serez l'aînée :
Moi, je n'en ai que quinze.
CLÉMENCE.
A ce titre si doux,
Mon destin me défend d'aspirer près de vous ;
Mais si, compagne heureuse.
EUGÉNIE.
Et vraiment, je l'espère.
Attendez ; restez-là, je vais chercher ma mère :
Je la crois au jardin ; dès qu'elle vous verra,
Ici je vous réponds qu'elle vous gardera.
(*Eugénie sort en courant*).
CLÉMENCE, *seule*.
Si la mère a pour moi les bontés de la fille,
Un doux rayon d'espoir à mes yeux enfin brille.

SCÈNE VIII.

CLÉMENCE, M. DORSAN, *ensuite*
D'ARANVILLE, *puis* FERVAL.
CLÉMENCE.
J'entends.
M. DORSAN.
Qu'on m'avertisse et qu'on n'y manque pas.
Quelle femme ! grands Dieux ! elle accourt sur mes pas.
CLÉMENCE.
Monsieur.
M. DORSAN.
Que vois-je ! ô ciel ! ma surprise est extrême.
CLÉMENCE.
Est-ce Monsieur Dorsan ?
M. DORSAN, *avec le plus grand trouble*.
(*A part*). Oui, mon enfant, lui-même !
Dieux ! quel portrait frappant !

(47)

CLÉMENCE.

Je tombe à vos genoux.

Vous voilà donc enfin ! et je puis.

M. DORSAN, *avec effroi.*

Levez-vous.

Clémence est votre nom ?

CLÉMENCE.

Oui.

M. DORSAN, *à part.*

Je crois voir sa mère.

CLÉMENCE.

Mon aspect vous afflige ?

M. DORSAN, *avec trouble.*

Eh ! que dis-tu ma chère ?

(*A part*).

Ah! viens, viens dans mes bras. On me suit. Quel effroi !

CLÉMENCE, *avec la plus grande sensibilité.*

Mon bienfaiteur ! mon père !

D'ARANVILLE, *survenant brusquement.*

Est-ce elle ?

M. DORSAN, *toujours troublé.*

Oui.

D'ARANVILLE, *s'emparant de Clémence, lui dit :*

Suivez-moi.

(*A M. Dorsan*).

Un seul instant plus tard, elle était découverte.
On accourt. Du jardin la porte est-elle ouverte ?

M. DORSAN.

Voilà la clef.

D'ARANVILLE.

C'est bon.

CLÉMENCE, *effrayée.*

Qu'est-ce donc ?

D'ARANVILLE, *à Clémence.*

Calmez-vous.

(*A M. Dorsan, très-vite*).

C'est ici, mon ami, qu'il faut braver les coups.
Garde sur ton secret un silence intrépide ;
Songe que de ton sort cette crise décide.
Pour plus de sûreté c'est chez moi que je vais :
Quand il en sera tems nous irons chez Gervais.

FERVAL, *accourant.*

Voici Madame.

M. DORSAN.

Ah ! Dieux !

D'ARANVILLE.

(*A M. Dorsan*)*

Allons vîte.   Toi, reste,

Ferme et froid ; c'est ton rôle.

(*Il sort avec Clémence et Ferval, par la porte qui conduit au jardin*).

SCÈNE IX.

M. DORSAN, Mad. DORSAN.

M. DORSAN, *à part.*

Acharnement funeste

Sans égard aux bureaux, accourir en fureur !

Compromettre mon nom , le sien.

Mad. DORSAN, *mielleusement ironique.*

C'est une horreur ,

N'est-il pas vrai , Monsieur?

M. DORSAN, *froidement et toujours de même.*

Ah ! vous voilà , Madame ?

Mad. DORSAN.

Oui, très-fidèle époux, c'est votre chère femme,

Qui vient de demander sans ruse, et sans détours,

Quel objet précieux vous attendez de Tours.

M. DORSAN.

Eh bien ! vous l'a-t-on dit ?

Mad. DORSAN.

(*paisiblement*). (*en fureur*).

Oui, Monsieur ; oui parjure!

Quoi ! c'est dans le moment où ta bouche me jure

D'épargner désormais à mon cœur malheureux ,

Des soupçons dévorans et des tourmens affreux :

C'est dans le doux moment où ce cœur plus tranquille,

Pour jamais dans le tien croit trouver un asyle,

Qu'abusant lâchement de ma crédulité,

Tu fais les noirs apprêts d'une infidélité !

Cette fille, voyons, réponds-moi ! — quelle est-elle ?

Ceux à qui j'ai parlé m'ont dit qu'elle était belle.

Qui l'amene à Paris ? et pour quelle raison

A-t-elle en arrivant demandé ta maison ?

M. DORSAN.

Il est tout naturel qu'un ami me l'envoie,
Et je la recevrais avec bien de la joie.

Mad. DORSAN.

Il est fort bien trouvé cet ami prétendu ;
Mais sur un mot d'avis on doit être attendu.
En avez-vous un ?

M. DORSAN, *séchement.*

Non.

Mad. DORSAN.

Pourquoi donc, je vous prie,
A-t-on vu ce matin à la Messagerie,
Un de vos gens, Blaisot, s'informer dans les cours ?
Justement le voici qui vient à mon secours.

M. DORSAN, *impatienté.*

Je n'entends pas du tout ce que vous voulez dire.

SCÈNE X.

LES PRÉCÉDENS, BLAISOT, *arrivant.*

BLAISOT.

Chez son père à jamais Justine se retire
Madame.

Mad. DORSAN.

En ce moment tu viens fort à propos.
N'est-il pas vrai ?

M. DORSAN.

De grace épargnez mon repos,
Madame, il en est tems. Vous voudrez bien permettre
Que je trouve mauvais de me voir compromettre
Avec tous vos valets. Je fus jusqu'à présent,
La dupe de mon cœur, trop bon, trop complaisant,
C'est assez ; cette vie à la fin m'importune.
De deux choses , Madame, il faut adopter l'une ,
Et sortir à la fin d'un si pénible état.
Je suis un mari tendre ou je suis un ingrat.
Si de loyauté j'ai donné quelque signe ,
Epargnez-vous des pleurs dont je ne suis pas digne.
Le plus prompt abandon, le plus parfait mépris ,
Des crimes d'un époux doivent être le prix :
Mais si toujours amant d'une épouse adorée ,
J'ai scrupuleusement gardé la foi jurée ;

Si mes Dieux ont été mon amour et l'honneur,
Mon épouse est injuste, ou me doit le bonheur.

Mad. DORSAN.

Fais donc le mien , cruel ! et si je te suis chère,
Apprends-moi sur-le-champ qu'elle est cette étrangère:
D'où tu peux la connaître ? Eh bien ! que réponds-tu ?
Songe que ton silence expose ta vertu
A de fâcheux soupçons, et que ta protégée
Pourrait être à son tour sévèrement jugée :
Elle est dans l'infortune ; on vante ses appas.
Riche et compatissant, tu peux.

M. DORSAN.

N'achevez pas.

J'allais le dévoiler cet innocent mystère :
Vous m'avez éclairé ; je dois, je veux me taire.

Mad. DORSAN, avec fureur.

Et moi, que tes noirceurs enfin poussent à bout ,
Je deviens furieuse et capable de tout.
Errant depuis seize ans dans une nuit obscure,
Qu'épaississait pour moi ton adroite imposture,
J'ai paru jusqu'ici t'accuser sans sujet.
A la fin mes soupçons ont trouvé leur objet.
Tu n'appelleras plus ma juste jalousie,
Acharnement cruel, aveugle frénésie :
Mais ne te flatte pas, homme artificieux !
De dérober long-tems ma rivale à mes yeux.
Dusses-tu la cacher au centre de la terre,
Je la découvrirai.

BLAISOT.

Mais c'est comme une guerre,

Cette paix là....

Mad. DORSAN.

Que dis-je ! où vais-je m'égarer ?

Le parti le plus sage est de nous séparer,
Monsieur ; nous ne pouvons désormais vivre ensemble ;
Nous maudissons tous deux le nœud qui nous rassemble ;
En brisant nos liens, nous serons plus heureux.

M. DORSAN.

Oui, vous avez raison, ces liens douloureux
Ont assez tourmenté ma déplorable vie.
Séparons-nous.

Mad. D o r s a n.

Cœur vil ! c'est ta plus chère envie !
Tu veux ta liberté, mais tu ne l'auras pas.
Je vais, dès ce moment, m'attacher à tes pas :
Je te suivrai partout, je veux être ton ombre.

M. Dorsan, *avec force.*

Finissons, je suis las des outrages sans nombre
Que j'ai, sans murmurer, soufferts jusqu'à ce jour.
La haine est préférable à votre affreux amour.
Pour la dernière fois je vous parle peut-être ;
Pour la première fois je vais parler en maître.
Vous me l'avez appris : à dater d'aujourd'hui,
Votre époux, désormais, veut commander chez lui.
Jusqu'ici j'ai voulu vous laisser la maîtresse
D'ouvrir tous les papiers venus à mon adresse,
Que cela ne soit plus : stylés à me trahir,
Que mes gens à moi seul, commencent d'obéir ;
Sans cela point de grace, ils sont tous à la porte.
Le soir ou le matin que j'entre ou que je sorte,
J'entends, autour de moi, n'avoir plus d'espions,
Et sauvez-moi, surtout, l'ennui des questions ;
Je fus assez long-tems outragé par vos doutes.
Que ceci soit, chez moi, dit une fois pour toutes :
Que ce plan, à la lettre, y soit exécuté ;
Car si par vous encor je suis persécuté,
C'est moi, moi qui de vous à jamais me sépare.
Vous connaîtrez un jour l'erreur qui vous égare ;
Vous maudirez vos torts, vos soupçons insultans ;
Vous voudrez revenir, il ne sera plus tems.
Adieu, Madame.

(*Il rentre chez lui, et ferme brusquement sa porte*).

Mad. Dorsan, *prête à s'évanouir.*

O ciel ! c'est ainsi qu'il me laisse ;
Je succombe.

Blaisot, *courant à elle.*

Madame ! Elle tombe en faiblesse.

(*Mad. Dorsan se laissant aller sur Blaisot*).

Blaisot, *la traînant à un fauteuil.*

Monsieur ! holà, Monsieur ! venez la secourir.
Il est sourd.

Mad. Dorsan, *se levant brusquement.*
Le cruel me laisserait mourir !
Blaisot, *stupéfait et à part.*
Tiens, moi qui la croyais tout près de l'autre monde,
Se trouver mal, et bien, en moins d'une seconde !
Ma foi, c'est fort adroit.

SCÈNE XI.

Les précédens, EUGÉNIE, FERVAL.
Mad. Dorsan, *à part.*
O barbare Dorsan !
Eugénie, *à Ferval en entrant.*
Je veux parler, vous dis-je, à ma chère maman.
Vraiment, si j'en croyais votre éternelle envie,
A jaser avec vous je passerais ma vie.
Mad. Dorsan.
Qu'avez-vous à me dire ?
Eugénie.
En deux mots le voici.
*(A ces mots M. Dorsan sort de son appartement, et se
tient à l'écart).*
Une jeune personne est arrivée ici
Depuis une heure, au plus, et demandait mon père.
Mad. Dorsan, *avec feu.*
(A part)
Achève, mon enfant : je saurai le mystère.
Eugénie.
Elle est jolie, elle a surtout de grands malheurs,
Qu'elle contait si bien que je fondais en pleurs.
*A Ferval, qui la tire par sa robe pour l'empêcher de
continuer).*
Laissez-moi donc parler.
Mad. Dorsan, *à Ferval, avec sévérité.*
(A sa fille).
Monsieur ; poursuis, ma fille.
Eugénie.
La pauvre infortunée ignore sa famille,
Mon cher papa, dit-elle, est son unique appui.
J'ai couru vous chercher ; car vous, c'est comme lui.
Mad. Dorsan.
Où donc est-elle enfin ?

EUGÉNIE.

Chez Monsieur d'Aranville.
(*Ici Dorsan sort précipitamment*).
C'est lui probablement qui lui donne un asyle ;
Moi, j'aurais désiré que vous puissiez la voir ,
Parce qu'à la maison j'aurais voulu l'avoir
Avec Justine.

BLAISOT.

Ah ! oui : Justine est chez son père ,
Et n'en veut pas sortir.

EUGÉNIE.

Quoi ! toujours en colère !
J'irais bien , si maman voulait.

Mad. DORSAN.

Soit, je le veux.
(*A part*).
Blaisot va t'y conduire : ils me gênaient tous deux.
(*Eugénie et Blaisot sortent : Ferval voudrait les sui-*
vre ; Mad. Dorsan l'arrête).

SCÈNE XII.

Mad. DORSAN, FERVAL.

Mad. DORSAN.

Abrégeons les discours, abrégeons mon supplice.
Je vous l'avais bien dit ; vous êtes leur complice.

FERVAL , *avec effroi.*

De qui ?

Mad. DORSAN.

Vous m'entendez. Un enfant par un mot ,
Vient de déconcerter cet odieux complot ;
Et vous favorisez ces manœuvres indignes,
Vous !

FERVAL.

Madame , en honneur.

Mad. DORSAN.

N'ai-je pas vu vos signes ,
Et n'indiquaient-ils pas , avec trop de clarté ,
Le plan de trahison entre vous concerté ?

FERVAL , *avec la plus grande chaleur.*

Réfléchissez , Madame , est-il bien vraisemblable
Qu'à ce point envers vous je veuille être coupable ?
Supposons que je puisse oublier mon honneur ;

Vous tromper, n'est-ce pas renoncer au bonheur
Que vous ayez daigné promettre à ma tendresse ?
Du destin de mes jours n'êtes-vous pas maîtresse ?
Et puis-je vous trahir sans me sacrifier.

Mad. DORSAN.

Il faut plus que des mots pour vous justifier,
Chez votre oncle par vous je veux être conduite,
Avant qu'on ait le tems de ménager sa fuite ;
Je prétends la chercher dans toute la maison,
Et savoir une fois si j'ai tort ou raison.

FERVAL.

(*A part.*)   (*Haut.*)
Nous voilà tous perdus ! Madame sait peut-être
Que dans cette maison je ne suis pas le maître ?

Mad. DORSAN.

Défaite.

FERVAL.

Examinez.

Mad. DORSAN.

Je n'examine rien.
Partons, ou plus d'hymen. Voyez, pensez-y bien.

FERVAL, *à part.*

Ou les exposer tous, ou perdre ce que j'aime.

Mad. DORSAN.

Vous hésitez, Monsieur ? eh bien ! j'irai moi-même.

FERVAL.

Arrêtez ; je vous suis.

Mad. DORSAN.

Votre main.

FERVAL.

La voilà.

(*A part, en sortant*).
Dieux ! un prodige seul peut nous tirer de là.

Fin du troisième acte.

ACTE IV.

Le Théâtre représente la maison de Gervais.

SCÈNE PREMIÈRE.

GERVAIS, JUSTINE.

GERVAIS, *rangeant quelques meubles par-ci, par-là.*
Bon ! tout est à peu près comme le veut mon maître.

Un meuble simple et propre, hein? tu dois t'y connaître;
Toi, qu'en dis-tu?

JUSTINE, *soupirant.*

Très-bien; mais pourquoi ces apprêts?
Pourquoi les fallait-il, si prompts et si secrets?
Quelle est donc, en un mot, cette jeune personne,
Qui doit vivre chez vous et sans qu'on l'y soupçonne?

GERVAIS.

Pourquoi ces questions?

JUSTINE.

Je ne sais; mais je crains
De grands troubles pour eux, pour vous de grands
chagrins.

GERVAIS.

Ecoute, mon enfant. Mon maître avait un père,
Duquel, heureusement, le fils en tout diffère.
L'un était dans ses goûts, ardent, impétueux;
L'autre est modéré, sage, et vraiment vertueux.
L'un voulait m'enrichir pour caresser ses vices;
L'autre me chasserait pour de pareils services.
Un homme tel que lui ne fait rien sans raison.
Penses-tu que j'aurais accepté sa maison,
Si son intention m'avait été suspecte?
On respecte toujours celui qui se respecte.
Et de ce lieu pour nous s'il veut se dépouiller,
Son projet, à coup sûr, n'est pas de le souiller.

JUSTINE.

Douter de sa vertu! que le ciel m'en préserve,
Mon père! et le moyen quand elle se conserve
Au milieu des assauts que par excès d'amour,
Sa jalouse moitié lui livre nuit et jour;
Mais voilà justement le motif de ma crainte.
A fuir un lieu chéri son erreur m'a contrainte;
Vous savez à présent si c'était une erreur.

GERVAIS.

N'en parlons plus.

JUSTINE.

Eh bien! cette même erreur
Que je lui causais, moi, qui n'en étais pas digne;
Pensez à son effet pour peu qu'un léger signe
Lui fasse apercevoir que vous avez chez vous
Quelqu'un qu'entre vos mains a remis son époux

GERVAIS.

Mais ce signe fatal il faut qu'on le lui donne.

JUSTINE.

L'œil jaloux n'a besoin du secours de personne.
Elle devinera.

GERVAIS.

Soit; mais le pis-aller ?
Voyons. Que sa fureur vienne ici s'exhaler,
Je ne dirai qu'un mot. Chez moi je suis le maître,
Madame. Si chez lui Monsieur ne veut pas l'être,
Tant pis. J'obéissais quand c'était mon devoir;
Sur Gervais maintenant vous n'avez nul pouvoir.
Qu'aurait-elle à répondre ? Ah ! pour braver l'orage,
Que mon maître n'a-t-il un peu de mon courage ?
Mais puisqu'il n'ose rien , je me dois aujourd'hui,
Au soin de le servir et d'oser tout pour lui.

JUSTINE.

Puisse un tel dévoûment, digne au fond qu'on l'ap-
prouve,
Ne pas accroître encor les tourmens qu'il éprouve!
Et puissiez-vous sur-tout n'en être pas puni !

GERVAIS.

Va, va, je ne crains rien.

SCÈNE II.

LES PRÉCÉDENS, EUGÉNIE, BLAISOT.

EUGÉNIE, à Justine.

Eh bien ! c'est donc fini ?
Tu ne veux pas venir, ma Bonne ?

JUSTINE.

Quoi! vous-même,
Vous daignez?

EUGÉNIE.

Tais-toi donc. Tu sais bien que je t'aime.
Tu peux ne plus vouloir demeurer avec moi ;
Mais moi , je ne peux pas rester long-tems sans toi.

JUSTINE, à Eugénie.

Vous ajoutez sans cesse à ma reconnaissance.
(A Gervais)
Mon père, vous saurez que pendant votre absence,
J'ai reçu d'Eugénie un message bien doux,
Et j'allais à l'instant en causer avec vous.

(57)

(A Eugénie)

Voyez quelle bonté ! Vous voulez bien permettre
Que je montre à mon père une aussi chère lettre ?

EUGÉNIE, *à Justine.*

(A Gervais).

Oui ; mais je te préviens que c'est fort mal écrit ,
D'abord : j'ai bien un cœur ; mais je n'ai pas d'esprit.

GERVAIS.

Aimable enfant !

EUGÉNIE, *à Justine.*

Veux-tu pardonner à ma mère ?

JUSTINE.

Moi , j'ai tout oublié. Détruisez sa chimère ;
Je jure qu'à l'instant je marche sur vos pas.

BLAISOT, *avec importance.*

Moi , je vous avertis que je n'y consens pas.

EUGÉNIE.

Eh ! pourquoi donc , Blaisot ?

BLAISOT.

Madame est trop jalouse.

(A Justine).

Si vous y retournez , cherchez qui vous épouse ;
Parce que , voyez-vous.

JUSTINE.

Quand vous aurez fini ,
Vous nous avertirez.

BLAISOT.

Moi , je suis tout uni ,
D'abord.

EUGÉNIE.

Mais tais-toi donc.

JUSTINE.

Mon aimable maîtresse ,
Je reviendrais ; mon cœur, vos bontés, tout m'en presse ;
Mais quiconque est jaloux , est près d'être inhumain.
Outragée aujourd'hui, je le serais demain ;
Et bientôt sous vos yeux avec ignominie ,
Pour la seconde fois je me verrais bannie.
Faisons mieux ; avant peu vous aurez un époux.
L'hymen fait , à l'instant je vole auprès de vous ,
Si ce plan toutefois a l'aveu de mon père.

EUGÉNIE.

Eh bien ! voilà parler. Embrasse-moi, ma chère.
Et toi, Gervais, consens ; va, tu ne risques rien ?
Je réponds qu'avec moi ta fille sera bien.

GERVAIS.

J'y consens de bon cœur. Loin que son sort m'allarme,
Je l'envie.

BLAISOT, *à Justine.*

A présent cela va comme un charme.
Touchez-là, mon enfant, je vous épouserai.

JUSTINE, *à part.*

Et moi, Monsieur Blaisot, je vous corrigerai.

SCÈNE III.

LES PRÉCÉDENS, M. DORSAN, CLÉMENCE, D'ARANVILLE.

GERVAIS.

Quel bruit !

M. DORSAN.

C'est moi.

EUGÉNIE, *à Justine.*

C'est elle.

CLÉMENCE.

Ah ! Dieux !

M. DORSAN.

Calmez vos craintes.
En ce lieu, mon enfant, vous êtes hors d'atteintes.
(*A part, voyant Eugénie*).
Ciel ! ma fille ! il est dit qu'on ne peut l'éviter.
(*Haut.*)
Que fais-tu donc ici ?

EUGÉNIE.

Je venais inviter
Justine à revenir de la part de ma mère.

M. DORSAN.

Justine désormais doit rester chez son père.

D'ARANVILLE, *bas.*

Nous sommes en repos, pour un instant du moins,
Profitons-en, je veux te parler sans témoins.

M. DORSAN.

(*bas*).   (*haut*).
Moi de même.   Gervais, tu vois la Demoiselle

Qui doit loger chez toi.

JUSTINE.

Grands Dieux ! comme elle est belle !

BLAISOT, *à Justine et Gervais.*

Ne vous l'ai-je pas dit ? belle comme le jour !

M. DORSAN, *à Clémence.*

Des vertus, mon enfant, c'est ici le séjour.
Sans-doute il aura droit de vous plaire à ce titre ;
Mais je veux qu'en ce point votre goût soit l'arbitre.
Il faut aimer le lieu que l'on doit habiter.
Avec le bon Gervais allez le visiter.

(bas à Gervais).

Amuse-les.

GERVAIS, *à qui son maître a fait des signes, et qui les*
a bien compris, dit à Eugénie, Justine et Blaisot:

Venez tous voir mon hermitage.
J'ai fait des changemens qui vous plairont, je gage.

(Ils sortent avec Clémence).

SCÈNE IV.
M. DORSAN, D'ARANVILLE.

D'ARANVILLE.

Enfin, nous voilà seuls ! Ah ça, mon doux ami,
Tu ne laisseras pas ton ouvrage à demi,
J'espère ?

M. DORSAN.

Oh ! j'en réponds.

D'ARANVILLE.

Bien. Malgré ton courage,
Tu viens pourtant ici pour éviter l'orage
Qu'Eugénie excitait ; mais par quelque hasard,
Crois que le grand secret percera, tôt ou tard.

(avec fermeté).

Alors que feras-tu ? voyons, parlons en hommes.

M. DORSAN, *avec embarras.*

Que ferais-tu toi-même ? Au point où nous en sommes,
Il faudrait bien, après avoir tant combattu,
De la nécessité se faire une vertu.

D'ARANVILLE.

Tout dire ? et ton serment ?

M. DORSAN.

Mais tu voulais toi-même,

D'ARANVILLE.

Oui, quand il était tems. Dans mon premier systéme,
Ta fille, en arrivant, te rendait le pouvoir,
Qu'au sein de sa famille un mari doit avoir.
Tu subjuguais ta femme ; à présent, au contraire,
Qu'elle sait qu'à ses yeux tu voulus la soustraire,
Tu verserais ton sang pour prouver le lien
Qui t'unit à Clémence, elle n'en croira rien.
Entre ta fille et toi sa fureur sera juge.
Mensonge, criera-t-elle, infâme subterfuge !
Et bien, loin de tarir la source de tes maux,
Cet aveu déplacé t'en promet de nouveaux.

M. DORSAN.

Cela n'est que trop vrai : du moins viens à mon aide.
Tu m'indiques le mal, montre-moi le remède.

D'ARANVILLE.

Faible jusqu'à présent, veux-tu l'être toujours ?
Souffre, tu n'as pas droit d'attendre mon secours.
Frémis-tu ? rougis-tu de cette dépendance,
Fruit amer et honteux d'une condescendance,
Que je nomme tout haut pusillanimité ?
Ecoute mes conseils avec docilité.
Suis-les, et dès ce jour je te rends ton empire.

M. DORSAN.

Ah ! parle, il est bien tems que mon ame respire.

D'ARANVILLE.

Bon ! sous un joug honteux, las de te voir fléchir,
A tel prix que ce soit je veux t'en affranchir.
Commence seulement ; je me charge du reste,

M. DORSAN.

Soit.

D'ARANVILLE.

D'abord ce secret, que tu crois si funeste,
Ta femme le saura, même sans le chercher ;
Rien ne s'apprend si-tôt que ce qu'on veut cacher.
Alors ferme l'oreille aux cris de sa démence ;
Respecte avec ta foi la mère de Clémence :
Car, en osant trahir un serment solemnel,
Sans devenir heureux, tu deviens criminel.
Ton silence d'abord pourra sembler étrange ;
Mais enfin, c'est par lui qu'il faut que ton sort change.

Ce n'est qu'en écoutant l'honneur et l'amitié,
En cachant ton secret à ta fière moitié,
Que tu pourras briser le joug qu'elle t'impose ;
Clémence est le prétexte, et ton bonheur la cause.

M. DORSAN.

Je frémis des horreurs qu'elle va soupçonner.

D'ARANVILLE.

L'innocence a toujours le tems de pardonner.

M. DORSAN.

Qu'en résultera-t-il ?

D'ARANVILLE.

Que ta femme étourdie,
De voir ce ton si doux qui l'avait enhardie,
Par un ton fier et mâle à la fin remplacé,
Sentira tout d'un coup que son règne est passé.

M. DORSAN.

Je prévois des fureurs, des vapeurs.

D'ARANVILLE.

Que t'importe ?
Tant que de sa faiblesse elle se croira forte,
Les fureurs, les vapeurs en iront-elles moins ?
A-t-elle jamais eu des vapeurs sans témoins ?

M. DORSAN.

Non.

D'ARANVILLE.

Jeu pur.

M. DORSAN.

De divorce elle fait des menaces,
Pourtant.

D'ARANVILLE.

C'est t'indiquer ce qu'il faut que tu fasses.

M. DORSAN.

Celui qui nous unit voudrait nous séparer !

D'ARANVILLE.

Celui qui fit le mal voudrait le réparer.
Ce divorce effrayant que tu prends au tragique,
De tes maux, à coup sûr, est le remède unique.

M. DORSAN.

M'en séparer ! grands Dieux !

D'ARANVILLE.

Te voilà tout tremblant !
Ne t'en sépare pas, mais fais-en le semblant.

(62)

M. DORSAN.

Ne pourrions-nous trouver un moyen moins sévère,
Qui, sans changer son cœur, changeât son caractère,
Et me rendît mes droits sans m'ôter son amour ?
J'y tiens, ma dureté l'éteindra sans retour,
Peut-être.

D'ARANVILLE.

C'est assez, homme sans énergie !
Rien ne peut réveiller ton ame en léthargie.
Seize ans t'avaient appris l'effet des moyens doux ;
Un parti différent nous satisfaisait tous :
Il ramenait la paix au sein de ta famille ;
Il corrigeait ta femme, et j'épousais ta fille.

M. DORSAN.

Clémence !

D'ARANVILLE.

Oui, j'eusse osé lui présenter ma foi,
Après t'avoir rendu maître absolu chez toi.
Lasse d'être haïe autant que malheureuse,
Ta femme eut abjuré son erreur douloureuse ;
Bref, un orage court nous menait tous au port ;
Tu ne l'as pas voulu, tu mérites ton sort.

(*Il va pour sortir*).

M. DORSAN.

Arrête.

D'ARANVILLE.

Laisse-moi.

M. DORSAN.

Reviens, je me résigne.
Des soins de l'amitié je veux être enfin digne :
Quoi qu'il puisse en coûter à ma femme, à mon cœur,
Je sens trop qu'il est tems d'employer la rigueur ;
Je le dois au repos de toute ma famille,
A l'ami qui veut bien se charger de ma fille :
Puisse l'occasion s'en offrir dès ce jour !

D'ARANVILLE.

Et puisse la raison dompter enfin l'amour !

M. DORSAN.

J'en fais serment.

D'ARANVILLE.

Tant mieux : agis en conséquence,

Alors si je lui plais, j'épouse ta Clémence.
Trop heureux d'avoir fait son bonheur et le tien,
Je n'exige du reste et n'examine rien.

SCÈNE V.

LES PRÉCÉDENS, FERVAL, *accourant essouffle.*

FERVAL.

Ici, je me doutais que vous seriez ensemble.
Tant mieux.

D'ARANVILLE.

Comme il est pâle !

FERVAL.

Eh ! mais, c'est que je tremble
D'honneur ! je tremble encor !

D'ARANVILLE.

Eh bien ! achève donc ?

FERVAL.

Dans l'instant. Avant tout je voudrais mon pardon.

D'ARANVILLE.

(*Vivement*).

De quoi ? Parleras-tu ? Voyons.

FERVAL.

De la licence
Que j'ai prise d'aller chez vous en votre absence.
Madame l'exigeait d'un ton très-absolu ;
Il a fallu vouloir tout ce qu'elle a voulu.

D'ARANVILLE.

Bon ! n'est-ce que cela ? Va, va, je te pardonne.
(*En riant*).
Et qu'a-t-elle trouvé chez moi ?

FERVAL.

Mon Dieu ! personne,
Par un heureux hasard que je ne comprends pas.
Mais dans votre logis, du haut jusques en bas,
Elle a tout renversé.

M. DONSAN.

Quelle horrible conduite !

FERVAL.

Lasse enfin de chercher ; ils auront pris la fuite,
A-t-elle dit. Veuillez m'accompagner chez moi
Monsieur, je rends justice à votre bonne foi,
Et vous aurez le prix promis à votre zèle.

Bref, je viens à l'instant de la laisser chez elle.
M. DORSAN.
Son mal a tout-à-fait égaré sa raison.
Mais ramenons, crois-moi, Clémence en ta maison.
Pour aujourd'hui du moins, il n'est pas vraisemblable
Que ma femme y revienne.
D'ARANVILLE.
Elle ? elle en est bien capable :
Mais n'importe. Allons-y : quelle vienne me voir
Et morbleu je m'apprête à la bien recevoir !
FERVAL, à M. Dorsan.
Ah ! pour votre repos cachez-lui bien Clémence.
Le portrait dirait tout.
M. DORSAN.
Je meurs d'impatience
Que nous soyons chez toi.
D'ARANVILLE.
J'y voudrais être aussi.
Viennent-ils à la fin ?
FERVAL.
Mon oncle, les voici.

SCÈNE VI.

LES PRÉCÉDENS, EUGÉNIE, CLÉMENCE, JUSTINE,
GERVAIS, BLAISOT, *ensuite* Mad. DORSAN,
qui survient.

M. DORSAN.
Mon cher ami Gervais, bien pardon de ta peine.
Je t'enlève Clémence : avec moi je l'emmene.
JUSTINE, à part.
Je respire.
GERVAIS.
Monsieur, Gervais est tout à vous.
M. DORSAN.
(à Clémence).   (à Eugénie).
Venez, ma chère enfant. Toi, ma fille, suis-nous.
(*Tous les acteurs en scène prennent le chemin de la*
porte ; les uns pour s'en aller, les autres pour recon-
duire ceux qui se retirent. Mad. Dorsan paraît ;
tout le monde reste pétrifié).
FERVAL, à part.
Grands Dieux ! tout est perdu.

M. DORSAN, *à part.*

Ma femme ! je frissonne.

Mad. D O R S A N.

Où conduisez-vous donc cette aimable personne,
Monsieur ? C'est sûrement cet objet plein d'appas
Que vous aviez juré que je ne verrais pas.
 (*Elle va à Clémence, et la prend par la main*).
Soyez-donc sans effroi. Venez, Mademoiselle.
On ne m'a point trompée ; elle est vraiment fort belle.

E U G É N I E.

N'est-il pas vrai, maman ?

Mad. D O R S A N.

Ce choix est plein de goût.
Les plus beaux yeux du monde ; enfin, parfaite en tout.
(*Elle continue de l'examiner*):
Mais que vois-je ! quels traits ! serat-il bien possible !
Approchez. Ah ! grands Dieux ! le coup serait terrible.

M. DORSAN, *à part, tandis que sa femme confronte
Clémence avec le portrait.*

Que n'ai-je pu prévoir ce qu'il va m'en coûter !

Mad. DORSAN, *l'examen fait.*

Allons, pour mon malheur, je n'en puis plus douter.

D'ARANVILLE, *bas à M. Dorsan.*

Ferme.

Mad. DORSAN, *à son mari.*

« Né de l'idée et de la fantaisie ,
« Ce portrait n'a pas droit d'armer ta jalousie :
« Je me voue à jamais au sort le plus fatal ,
« Si l'univers entier a son original ».
Tenez, voyez, Monsieur , et jugez-vous vous-même.
Voilà le digne objet qu'appelaient tes soupirs,
Et pour qui tu formais de coupables désirs.
Enfin, voilà le crime, et voilà les complices.

D'A R A N V I L L E.

Bien obligé.

Mad. D O R S A N.

Dis-moi, connais-tu des supplices
Qui puissent te punir, et dont la cruauté
Égale ta noirceur et ta déloyauté ?
Et vous, tendres amis, protecteurs de ses vices,

5

Connaissez-vous un prix digne de vos services ?
Parlez.

D'ARANVILLE.

Moi, que les cris n'ont pas droit d'effrayer ,
Je réponds, et je dis que rien ne peut payer
Le service important que je voudrais lui rendre.
Je ne m'explique pas , et l'on peut me comprendre ;
Mais ne me mêlez point dans vos débats d'époux.

Mad. DORSAN.

Ne pas vous y mêler ! vous qui les causez tous !
Vous qui....

D'ARANVILLE.

C'en est assez. Vous voudrez-bien, j'espère
Ne pas trop oublier qu'un tuteur est un père ,
Et que je suis le vôtre.

Mad. DORSAN.

Oui, vous avez raison.
De trouble, à votre gré, remplissez ma maison.
Auprès d'un faible époux calomniez sa femme :
D'insidieux conseils empoisonnez son ame ;
Soyez toujours son guide et mon persécuteur :
Je vous respecterai ; vous fûtes mon tuteur.

(*A Ferval*).

Mais vous, Ferval, comment avez-vous le courage ,
D'aider mes ennemis à combler mon outrage ?
Qui m'eût dit qu'avec eux vous seriez de moitié ?
Pourriez-vous de ma fille avoir quelque pitié ?
Quand loin d'en accorder aux malheurs de sa mère,
Vous servez les auteurs de sa douleur amère !
Vous me croyiez chez moi : vous ne soupçonniez pas
Que je serais si prompte à marcher sur vos pas.
Mais d'un trouble mortel mon ame était frappée,
Et mes pressentimens ne m'ont jamais trompée.
Eh bien ! vous vous taisez ; vous voilà confondu ?

FERVAL, *avec dignité*.

Non, Madame ; on se tait quand on a répondu..
Vous pouvez m'arracher le seul bien que j'envie :
Vous pouvez à jamais empoisonner ma vie ;
Mais au moment heureux d'obtenir tant d'appas ,
Que j'ose vous trahir ! on ne le croira pas.

Mad. DORSAN.

Soit. Mais ne comptez plus sur la main d'Eugénie.

Eugénie, *à Ferval.*

Là, vous faites le mal, et moi j'en suis punie.

(*Ferval, M. Dorsan et d'Aranville la rassurent*).

Mad. Dorsan, *à Gervais.*

Et toi, vieillard coupable ! Ah ! quelle trahison !
Devais-tu consentir à prêter ta maison ?

GERVAIS.

Vous m'accusez aussi, Madame ?

Mad. DORSAN.

Oui, plus qu'un autre.

Ah ! je vois maintenant quel manége est le vôtre !
Le Maître et le Valet s'entendent à ravir,
Et tu ne le sers plus que pour le mieux servir.

GERVAIS, *avec une noble fermeté.*

Croyez-vous avoir droit, au nom de la distance
Qui sépare de vous ma chétive existence,
De répandre sur moi l'opprobre et le mépris ?

(*à M. Dorsan*).

Ah ! Monsieur, vos bienfaits sont trop chers à ce prix !
Deux fois le même jour, sans motifs légitimes,
Madame en sa fureur nous a pris pour victimes.
C'est assez. Viens, ma fille, en quelqu'asyle obscur,
On est riche partout, quand on a le cœur pur.

Mad. DORSAN.

Vieillard sentencieux et pétri d'impudence,
Crois-tu par tes grands mots démentir l'évidence ?
Faudra-t-il qu'à mes yeux je n'ajoute plus foi ?
Et cette fille, enfin, n'est-elle pas chez toi ?

GERVAIS.

Ne peut-elle, Madame, être chez moi sans crime ?

CLÉMENCE.

N'ajoutez pas, Madame, au malheur qui m'opprime
Pour venir implorer de généreux secours,
J'ai quitté la Province où je passais mes jours.
D'après ce que je vois, j'y voudrais être encore.

Mad. DORSAN.

Eh ! qui donc êtes-vous ?

CLÉMENCE,

Madame, je l'ignore.

Tout ce que je connais de mon sort douloureux,
C'est que, grace à Monsieur, il fut moins rigoureux.

Mad. D O R S A N.

Votre âge ?

C L É M E N C E.

Dix-huit ans.

Mad. D O R S A N.

Et votre nom ?

C L É M E N C E.

Clémence.
J'espérais le bonheur ; mon malheur recommence.
Puisqu'à peine arrivée auprès de mon appui ,
J'apporte la discorde entre sa femme et lui.

Mad. DORSAN, *à son mari.*

Vous avez, dix-huit ans , pris soin de cette fille,
Monsieur ?

M. DORSAN, *séchement.*

Oui.

Mad. D O R S A N.

Vous devez connaître sa famille?

M. D O R S A N.

Oui.

Mad. D O R S A N.

Ne puis-je savoir ?

M. D O R S A N.

Non.

Mad. D O R S A N.

Mais un tel secret!

M. D O R S A N.

N'est pas le mien.

Mad. D O R S A N.

Ah ! ah ! vous êtes bien discret.

M. D O R S A N.

Je dois l'être.

Mad. D O R S A N.

A qui donc tient un si grand mystère ?

M. D O R S A N.

A Clémence elle-même.

C L É M E N C E.

Eh bien ! pourquoi le taire ,
Monsieur ? si cela peut calmer.

M. DORSAN, *avec douceur.*

Paix ! mon enfant.

Mad. DORSAN.

Clémence le permet.

M. DORSAN.

                    La raison le défend.

Mad. DORSAN.

Quel sort destinez-vous à cette demoiselle ?

M. DORSAN.

Le sort le plus heureux est le seul digne d'elle.

Mad. DORSAN.

Eh bien ! pourquoi ne pas la prendre à la maison ?
Est-ce encore un parti proscrit par la raison.

M. DORSAN.

La chose est impossible.

Mad. DORSAN.

                    Est impossible ? ah ! traître !
J'ai donc su t'amener à me faire connaître
Le projet odieux de ton cœur corrompu.
L'exécuter chez moi, tu ne l'aurais pas pu.
Vous auriez craint tous deux, pour votre intelligence,
Ou mon œil pénétrant, ou ma juste vengeance.
Il était, en effet, plus commode et plus sûr,
De chercher dans Paris quelque réduit obscur,
Qui, pour long-tems du moins, me dérobât ta proie.
Il est bien malheureux que le hasard m'envoie
A tems, pour déranger ce respectable plan,
Et pour rompre le fil d'un aussi beau roman.
    (à Clémence).
Mais sans vous recevoir au sein de ma famille,
Je n'en aurai pas moins, grand soin de vous, ma fille.

M. DORSAN.

Que dites-vous ? ô ciel !

Mad. DORSAN.

                    Je te dis qu'avant peu,
Je t'arrache l'objet de ton coupable feu ;
Que pour lui procurer une retraite austère,
J'implore dès ce jour l'appui du ministère.
De ses yeux vigilans ne crois pas la sauver.
Par ses soins, avant peu, je saurai la trouver,
Tu dois en être sûr ; et quand ton héroïne
Aura subi le sort que mon cœur lui destine,
Je réclame aussi-tôt le secours de la loi,
Pour briser tous les nœuds qui m'attachaient à toi.

CLÉMENCE.

O Ciel ! à quels affronts m'as-tu donc destinée !

M. DORSAN.

Vous menacez de nuire à cette infortunée !
Madame, ce projet est d'un cœur plein de fiel,
Qui pour l'exécuter serait assez cruel ?

(*A Clémence*).

Mais, viens, et de mes bras ne crains pas qu'on t'arrache.

A ton nom, lorsqu'enfin je voudrai qu'on le sache,
Tes plus grands ennemis fléchiront devant toi.
Pour nos nœuds, à quoi sert d'importuner la loi ?
Mon cœur vole au-devant de cet heureux divorce,
Madame, et j'y souscris sans que la loi m'y force ;
Mais si l'un de nous deux a droit à son secours,
Pour briser des liens, longs fléaux de mes jours,
C'est moi seul, et non pas la jalouse furie
Qui paya ma douceur par tant de barbarie.
Quel spectacle effrayant s'offre à moi dans ces lieux !
Tourmens dans tous les cœurs, larmes dans tous les
yeux.

Les parens, les amis, les valets et le maître,
Autour de vous, cruelle ! il n'est pas un seul être,
Qui de votre fureur n'ait éprouvé les coups,
Un ami vous restait, et c'était votre époux ;
Mais qui dans l'univers n'eut pitié de personne,
Mérite qu'à la fin l'univers l'abandonne.
Plus d'espoir de retour, il vous est interdit,
Et vous vous souviendrez que je vous l'ai prédit.

EUGÉNIE, *toute en pleurs.*

Maman.

M. DORSAN.

Venez, ma fille, et suivez votre père.

D'ARANVILLE.

Bon ! Partons, si tu veux que cette crise opère.

(*M. Dorsan en s'en allant avec Clémence et les autres,
se retourne avec sensibilité vers sa femme. D'Aranville l'entraîne. Mad. Dorsan n'a plus autour d'elle
que Gervais, Justine et Blaisot, qui restent pétrifiés.
Elle-même absorbée, et gardant un profond silence,
reste quelques instans les bras croisés et la tête penchée
sur la poitrine, ensuite elle la soulève, tourne languis-*

samment les yeux vers le ciel, repose son front sur
ses deux mains jointes, et sort à pas lents, sans dire
un seul mot, dans le plus morne désespoir).
(Gervais, Justine et Blaisot sortent avec elle).

Fin du quatrième acte.

ACTE V.

La Scène est chez M. d'Aranville.

(Le théâtre représente un Salon-Cabinet, avec différen-
tes portes latérales, donnant à l'extérieur comme
dans l'intérieur de la maison. A la gauche du spec-
tateur, une grande table en forme de secrétaire, sur
laquelle sont deux bougies, et tout ce qu'il faut pour
écrire. D'Aranville, assis dans un fauteuil près de
cette table, a la plume à la main. M. Dorsan, assis
dans un autre fauteuil, de l'autre côté de la scène, et
dans une attitude douloureuse ; une main sur son
front, l'autre entre les deux mains de Ferval, debout
près de lui ; Eugénie grouppée, non loin de là, et du
même côté, avec Clémence qu'elle console. Tel est le
tableau que doit offrir la scène à la levée du rideau).

SCÈNE PREMIÈRE.

D'ARANVILLE , M. DORSAN , FERVAL ,
EUGÉNIE , CLÉMENCE, *dans les attitudes*
ci-dessus.

D'ARANVILLE.

Eh bien ! veux-tu garder un éternel silence ?
Ecrirai-je !

M. DORSAN.

Ah ! mon cœur s'est trop fait de violence.
Non ; tu n'écriras point, je n'y puis consentir.

D'ARANVILLE.

Si j'avais cru te voir si-tôt te démentir ,
Si j'avais pu penser qu'un éclair de courage
Fût suivi du refus d'achever ton ouvrage ,
Et que le plus ardent, le meilleur des amis ,
Dût finir par se voir lâchement compromis ,
Tu peux être bien sûr que cet ami fidèle
N'aurait pas maintenant à rougir de son zèle

Et que loin de te plaindre, et de te secourir,
Sans pitié, sans regret, il t'eût laissé souffrir.

M. DORSAN.

Ami tendre et cruel ! tu me déchires l'âme.
Tu n'as donc pas bien lu dans le cœur de ma femme ?
Tu ne conçois donc pas, que seule, sans secours,
Elle est capable, hélas ! d'attenter à ses jours ?

FERVAL, *très-ému.*

J'irai, si vous voulez,

D'ARANVILLE, *séchement.*

Il n'est pas nécessaire.

EUGÉNIE, *pleurant.*

Non, non, c'est moi.

D'ARANVILLE.

Restez, autre bel émissaire ?
Vous êtes des enfans ; pleurez, éloignez-vous.
Tu crains qu'elle n'attente à ses jours ? Entre nous,
Pour un instant, peut-être, elle en aura l'envie ;
Elle est épouse et mère, elle tient à la vie.
En un mot, je prétends que ceci tourne à bien.
Qu'as-tu fait jusqu'ici ? du bruit, le bruit n'est rien.
Mais si déjà son ame en est intimidée,
Sens donc qu'une démarche encor plus décidée,
Ajoutant à sa crainte et venant à propos,
Va te rendre à jamais tes droits et ton repos.

M. DORSAN.

Ce qui porte à mon cœur une atteinte cruelle,
C'est qu'enfin l'apparence était vraiment pour elle.

D'ARANVILLE, *ironiquement.*

Sans-doute, et l'univers croira que c'est à Tours
Qu'est le dépôt secret de tes tendres amours.
Rien n'est plus vraisemblable.

M. DORSAN.

Ah ! nous devions l'instruire.

D'ARANVILLE.

Il en est encor tems ; tu peux encor détruire
Le peu qu'a fait pour toi mon aveugle amitié.
Va, cours de ton tyran implorer la pitié.
Va lui dire, à génoux : je suis un imbécille,
Qui rapporte à son joug une tête servile.
Vous me l'avez appris, je suis né pour ramper ;
De mes fers, un instant, j'ai voulu m'échapper.

Vous me connaissez trop pour me croire coupable;
D'un aussi noble effort je ne suis pas capable.
J'écoutais un ami dont les soins dangereux
Malgré vous, malgré moi, vouloient nous rendre heu-
reux ;
Aussi je l'abandonne à toute votre haine.
Punissez d'Aranville, et rendez-moi ma chaîne.
Va, tu feras ainsi ta paix à mes dépens.

M. Dorsan, tout en larmes.

C'en est trop...

D'Aranville.

A quoi bon les pleurs que tu répands?

Aux femmes, aux enfans laisse ces faibles armes.
Sois homme.

M. Dorsan.

Ah ! je n'ai point à rougir de mes larmes ;

Elles partent d'un cœur que ta sévérité
A su conduire enfin jusqu'à la vérité.
Ecris !..

D'Aranville.

Bon !

M. Dorsan, avec inquiétude.

Mon ami?

D'Aranville.

Quoi?

M. Dorsan, hésitant.

Tâche que la lettre....

Soit douce.

D'Aranville, s'échauffant.

Ah ! çà, mon cher, yeux-tu bien me permettre
De disposer au moins de mon style ?

M. Dorsan.

Pardon.

(d'Aranville écrit).

M. Dorsan, après un tems et en hésitant.

Tu ne menaces pas d'un entier abandon,
N'est-il pas vrai?

D'Aranville, impatienté.

Morbleu ! yeux-tu dicter toi-même ?

6

M. DORSAN.

Non. Fais-la seulement souvenir que je l'aime.
Qu'elle entende raison ; et que....

D'ARANVILLE, *en colère*.

Finiras-tu ?

M. DORSAN.

Tout est dit.

D'ARANVILLE, *se remettant à écrire*.

(Un tems, il continue et dit tout haut):

C'est heureux. Justice à la vertu.

Tout est fait.

M. DORSAN.

Bon ! Voyons.

D'ARANVILLE.

Quoi ?

M. DORSAN.

Ne vas-tu pas lire ?

D'ARANVILLE, *pliant la lettre et la cachetant*.

Point du tout. Est-ce à toi que j'ai l'honneur d'écrire ?

M. DORSAN.

Non ; mais....

D'ARANVILLE.

C'est à ta femme ; et tu ne dois rien voir
De ce que la première elle a droit de savoir.
Ferval ? sonne un des gens pour porter cette lettre.
Ah ! bon ! voici Gervais ; il pourra la remettre.

SCÈNE II.

LES PRÉCÉDENS, GERVAIS, *survenant*.

GERVAIS.

Avec plaisir, Gervais ne demande pas mieux,
Et c'est pour vous servir qu'il accourt en ces lieux.

M. DORSAN.

Eh quoi ! vous avez pu laisser votre maîtresse
Seule et dans un état !....

GERVAIS.

De bien grande détresse,
Monsieur ; mais seule, non ; ma Justine et Blaisot,
Comme si leurs deux cœurs s'étaient donnés le mot,
Ont voulu sur-le-champ retourner auprès d'elle.
Ils y sont tous les deux , fiez-vous à leur zèle.

M. Dorsan, *avec un profond soupir.*
Ah! je suis plus tranquille! Avant de s'en aller,
Qu'a-t-elle dit? Sa rage a dû bien s'exhaler.
Gervais.
Pas un mot; point de rage; aucune violence;
Entier affaissement; le plus morne silence.
Son œil mouillé de pleurs s'est enfin soulevé,
Et....
D'Aranville.
Ton récit bientôt sera-t-il achevé?
Regarde cette lettre; elle est pour ta maîtresse,
Et je puis t'assurer que le message presse.
Gervais, *prenant la lettre.*
Ah! je cours.
D'Aranville.
Un instant; mon ami, souviens-toi
De lui dire qu'ici tu n'as trouvé que moi,
Et que tu ne sais pas où son mari peut être.
Sans quoi tout est perdu pour elle et pour ton maître.
Gervais.
J'obéirai.
D'Aranville.
Va vîte, et presse ton retour.

(Gervais sort).

SCÈNE III.
Les Précédens, *excepté* GERVAIS.
D'Aranville.
L'affaire, mes amis, prend le plus heureux tour.
Chacun de son côté tremble, gémit et pleure.
Le trouble, grace à moi, finira dans une heure;
Mais silence, et que rien ne dérange mon plan.
Eugénie.
Oh! moi, d'abord, pourvu qu'on me rende maman,
Je me tairai, bien sûr.
Clémence.
Et moi! moi! malheureuse!
Qui fus en peu d'instans pour vous si dangereuse,
O mon cher protecteur! obtiendrai-je de vous
Un bienfait? Le dernier; je l'implore à genoux.
M. Dorsan.
Levez-vous, mon enfant, et parlez-moi sans crainte.

CLÉMENCE.

A venir en ces lieux, quand le sort m'a contrainte,
Pour prix de vos bontés, ah! je ne croyais pas
Vous porter le malheur qui s'attache à mes pas.
A peine je parais et l'on vous persécute ;
Aux plus sanglans affronts je suis moi-même en butte.
L'injustice suppose un accord entre nous ;
Je me croyais bien loin de faire des jaloux !
J'ai pu souffrir l'affront ; mon ame est innocente ;
Mais je dois l'avouer, le danger m'épouvante ;
Et ces affreux cachots prêts à s'ouvrir pour moi,
Ont soulevé mon cœur en le glaçant d'effroi.

M. DORSAN, *avec attendrissement.*

Eh! pouvez-vous penser que je vous abandonne ?

CLÉMENCE.

Non, je ne le crains pas ; mais n'affligez personne.
Sauvez-moi par pitié de l'horreur des prisons.
Qu'on m'ouvre seulement l'une de ces maisons
Que doivent habiter la paix et l'innocence.
Vous avez bien des droits à ma reconnaissance ;
Mais si j'obtiens encor cette grace de vous,
Monsieur, de vos bienfaits ce sera le plus doux.
Mon digne protecteur, achevez votre ouvrage ;
Contentez votre épouse ; épargnez-nous l'outrage ;
Et pour faire cesser des soupçons trop cruels,
Venez, de votre main, m'enchaîner aux autels.

M. DORSAN, *très-ému.*

Moi? jamais !

CLÉMENCE.

Le couvent est mon unique asyle,
Puisque du monde entier ma naissance m'exile.

M. DORSAN, *avec douleur.*

Ta naissance? ah !

CLÉMENCE.

Pardon ; je n'en parlerai plus.
J'ai fait jusqu'à présent des efforts superflus
Pour connaître le sang qui m'a donné la vie.
Tout le monde se tait ; j'en dois perdre l'envie.
Ensévelissez-moi dans quelqu'humble séjour,
Que j'y pleure à jamais l'heure où je vis le jour.
Mais si vous connaissez les auteurs de mon être ;
Conduisez à leurs pieds l'enfant qu'ils ont fait naître.

Du malheur d'exister, quand je vais me punir,
Que mon père du moins consente à me bénir.

        M. Dorsan, *à d'Aranville.*

Dieux ! vers elle je sens que tout mon cœur s'élance.
Je vais parler.

        D'Aranville.

        Pourquoi te faire violence ?
Est-il un intérêt plus cher, plus triomphant ?
Obéis à ton cœur, et nomme ton enfant.

        M. Dorsan.

Oui, j'ai trop différé cet aveu plein de charmes.
O ma fille !

        Clémence.

    Qu'entends-je !

        M. Dorsan.

        Objet de tant d'alarmes !
Tu demandais ton père ! eh bien ! il t'est rendu:
Reçois enfin de lui le doux nom qui t'est dû.

        Clémence.

Je serais votre fille !

        M. Dorsan.

        Oui, ma pauvre Clémence,
Oui, ton père t'embrasse, et son bonheur commence.

        Clémence.

Mon père ! ah ! pour jamais le mien est assuré.
   (*Avec le plus grand abandon*).
Mon Dieu, pardonnez-moi, j'avais trop murmuré.

        M. Dorsan.

Hélas ! ma chère enfant, tu le devais peut-être ;
Tu connus l'infortune avant de te connaître :
De la nécessité, l'impitoyable loi,
Me força dix-huit ans à t'éloigner de moi.
Confiée en naissant aux soins d'une étrangère,
Tu n'as jamais joui des caresses d'un père :
O ma fille ! ton sort fut long-tems douloureux,
J'en conviens ; mais crois-moi, je fus plus malheureux :
Lorsque j'étais pour toi dans une nuit profonde,
Lorsque tu m'ignorais, je te savais au monde.
Ta mère, digne objet de mon premier amour ;
Avait perdu la vie en te donnant le jour.
J'avais pris par penchant une seconde épouse,
Et pour m'accommoder à son humeur jalouse,

D'un voile impénétrable il fallut te couvrir.
Peins-toi, si tu le peux, ce que j'ai dû souffrir;
Mais avec ton exil, mon aveuglement cesse :
Chère enfant, ma douceur, ou plutôt ma faiblesse,
Ont payé trop long-tems le tribut à l'amour.
Il est juste qu'enfin la nature ait son tour.

CLÉMENCE.

Ah ! je vois maintenant, et tout mon cœur m'assure
Qu'il existe, en effet, ce cri de la nature ;
Cet instinct, qui, sans nous, prompt à nous enflammer,
Nous indique l'objet que nous devons aimer.
Riche de vos bienfaits, au sein de ma retraite,
J'ignorais leurs motifs ; mais une voix secrette,
Que j'éloignais en vain, que j'entendais toujours,
Me disait: tu les dois à l'auteur de tes jours.

EUGÉNIE, à Clémence.

Eh bien ! c'est singulier ! dès que je vous ai vue,
(Pour le coup c'était bien une chose imprévue),
La même voix m'a dit, là, tout auprès du cœur :
Va vîte l'embrasser, va vîte, c'est ta sœur.

CLÉMENCE.

Les nœuds les plus sacrés nous unissent ensemble.
Après de longs tourmens le destin nous rassemble ;
Je retrouve un bon père, une bien tendre sœur ;
Mais de vivre auprès d'eux aurai-je la douceur ?
L'accueil que j'ai reçu d'une épouse alarmée,
Me fait craindre. Ah ! plutôt que de la voir armée
Contre l'homme sensible à qui je dois le jour,
A ses regards jaloux, cachez-moi sans retour ;
Le monde, excepté vous, n'a rien que je regrette.

M. DORSAN.

N'afflige plus ton père en parlant de retraite.
Va, tu souffris assez pour prétendre au bonheur ;
Le tien est dans tes mains ; un homme plein d'honneur.

D'ARANVILLE.

J'en réponds.

M. DORSAN.
Vertueux.

D'ARANVILLE.
Tout le monde doit l'être.

Passons.

M. DORSAN.
D'un très-grand bien, digne et généreux maître.
D'ARANVILLE.
Pour ses propres besoins, quand on a trop de bien,
Le superflu, de droit, est à ceux qui n'ont rien.
Passons encor.
M. DORSAN.
  Il est dans la vigueur de l'âge,
Comme de la santé.
D'ARANVILLE.
    Parce qu'il fut fort sage.
M. DORSAN.
Le ton sévère et sec.
D'ARANVILLE.
    Souvent même assez dur.
M. DORSAN.
C'est vrai ; mais l'esprit droit, le cœur sensible et pur.
Enfin.
CLÉMENCE.
 Eh bien ! mon père ?
M. DORSAN.
     (bas à d'Aranville).
  Eh bien ! parle toi-même.
D'ARANVILLE.
Eh bien ! cet homme-là vous a vue et vous aime :
Votre père, à vos yeux, a flatté son portrait ;
Moi, je vais, sans pitié, le peindre trait pour trait.
L'homme dont il s'agit est franc, c'est sa devise ;
Mais jusqu'à la rudesse il porte la franchise ;
C'est mal, si d'obliger il a l'ardent désir ;
Nul mérite à cela, c'est un trop grand plaisir.
Pour sa femme il aura mille défauts énormes,
Car toujours du grand monde il dédaigna les formes,
Sans trop aimer le fond : grave, jamais plaisant,
Aimant de bonne foi ; mais très peu complaisant.
Le premier de ses goûts est d'être solitaire
Et libre : aussi fut-il long-tems célibataire ;
Cet état que l'on blâme est vraiment un trésor,
Que peut-être sans vous il chérirait encor.
Mais comme il ne peut pas cesser d'être lui-même,
Il vous épousera, sans changer de système ;
Et je vous promets bien que, s'il s'unit à vous,

(80)

Ce mari-là, du moins, ne sera point jaloux.

CLÉMENCE.

Vous faites estimer celui qu'on me propose.
Monsieur, en sa faveur, ce portrait me dispose ;
Et quoiqu'on n'ait voulu le peindre qu'à demi,
De mon père, je crois, c'est le meilleur ami.

M. DORSAN.

Tu ne te trompes pas ; c'est mon cher d'Aranville.

CLÉMENCE.

Il est, dans certains cas, aisé d'être docile.
Mon cœur, dès le berceau, peu fait à se trahir
Pourra trouver encor qu'il est doux d'obéir.

M. DORSAN, *avec joie.*

Mon ami, tu l'entends ?

D'ARANVILLE, *à M. Dorsan.*

Et ne sais que répondre.

(*à Clémence*).

Votre bonté, sans doute, a droit de me confondre,

(*vivement*).

Et je…. je n'entends rien au jargon doucereux ;
Mais je crois qu'avec vous l'hymen peut être heureux.

CLÉMENCE, *recevant sa main.*

J'en accepte l'augure.

EUGÉNIE.

Oh ! que je suis contente !
Tu seras à la fois, ma sœur et puis ma tante,
Tiens, voilà ton neveu, qui sera mon mari.

D'ARANVILLE.

Ferval ? tu sais combien je t'ai toujours chéri ;
Repose-toi sur moi du soin de ta fortune.

FERVAL.

Déjà votre amitié, mon oncle, en était une.
Le bonheur vous attend dans le plus saint des nœuds :
Au lieu d'une fortune, à présent j'en ai deux !

EUGÉNIE.

Comme vous pensez bien, mon ami ! Quel dommage
Que je ne puisse pas vous aimer davantage.

SCÈNE IV.

LES PRÉCÉDENS, GERVAIS.

GERVAIS, *accourant.*

A ma maîtresse ; hélas ! qu'avez-vous donc écrit,
Monsieur ?

D'ARANVILLE.

Ce qu'il fallait.

GERVAIS.

                Pour lui troubler l'esprit,
Pour accabler son cœur déjà plein d'amertume,
Si vous saviez, Monsieur, quel chagrin la consume !
Dans quel état !

M. DORSAN.

      Eh bien ! qu'a-t-elle répondu ?

GERVAIS.

Que répondre, Monsieur, quand on est confondu !
Ecrasé sous le poids d'une douleur profonde,
On me fuit pour jamais, je n'ai plus rien au monde,
A-t-elle dit ; les pleurs ont inondé ses yeux,
Et le fatal billet.

D'ARANVILLE.

        Elle a pleuré ! tant mieux.

M. DORSAN.

Tu l'as laissée enfin ?

GERVAIS.

         Presque sans connaissance.

M. DORSAN.

Grands Dieux !

GERVAIS.

      Venez, Monsieur, votre cruelle absence,
Si vous la prolongez, lui causera la mort.

M. DORSAN, *veut sortir.*

Ah ! courons !

D'ARANVILLE.

        Reste-là, sans te hâter si fort,
Ici même à l'instant tu vas la voir paraître.

GERVAIS, *avec* M. DORSAN.

Mourante !

D'ARANVILLE.

Oui, pauvres gens, mourante.

SCENE V.

LES PRÉCÉDENS, BLAISOT, *accourant.*

BLAISOT.

              Ah ! mon cher maître !
Voulez-vous voir Madame, ou ne voulez-vous pas ?

M. DORSAN.

Qu'entends-je ! elle se meurt.

BLAISOT.

Non, elle est sur mes pas,
Et je vous en réponds, très-décidée à vivre.
Justine l'accompagne ; or, au lieu de les suivre,
Moi, j'ai pris les devants, en les voyant partir,
Et tout courant, Monsieur, je viens vous avertir.

D'ARANVILLE.

Ne perdons point de tems, voici l'heure pénible,
Qui doit fléchir un cœur bien long-tems inflexible.
Il faut plus d'un instant pour cette guérison :
Venez tous en ce lieu. Dorsan, que ta raison
Respecte l'entretien qu'ici tu vas entendre ;
Ne songe qu'à l'effet que tu dois en attendre :
Si tu dis un seul mot, tu détruis ton bonheur.

M. DORSAN.

A ne point te troubler, j'engage mon honneur.

(Ils se donnent la main).

D'ARANVILLE.

Je suis content ; silence !

(Tous entrent dans le cabinet).

SCÈNE VI ET DERNIÈRE.

D'ARANVILLE, *un moment seul ; ensuite* Mad.
DORSAN *et* JUSTINE ; *tous les autres personnages restent cachés dans le cabinet.*

D'ARANVILLE, *se mettant à son secrétaire.*

Allons, prenons courage,
Sagement, à sa fin, conduisons mon ouvrage.
A la raison sévère unissons la pitié ;
Et ménageons l'amour en servant l'amitié.
Mad. DORSAN, *arrive ayant une lettre à la main, et très émue.*

Ah ! Monsieur ! votre cœur a-t-il pu vous permettre
De tracer l'ordre affreux que contient cette lettre ?
(*Elle lit*) :

« Il vous prie d'envoyer chez moi, tout ce qui lui
« appartient dans une maison que vous le forcez d'a-
« bandonner pour jamais ».
Et mon époux dicta cet arrêt foudroyant !

D'A R A N V I L L E.

Cet arrêt est tout simple et n'a rien d'effrayant,
Madame; c'est son bien que votre époux demande,
Et l'on doit obéir, quand l'équité commande.

Mad. D O R S A N.

Il voudrait sans retour se séparer de moi ?

D'A R A N V I L L E.

Il veut épargner les longueurs de la loi ;
Pour rompre vos liens, encore à l'instant même,
Vous l'avez menacé de son pouvoir suprême ;
Sans quoi jamais à vous Dorsan n'eût renoncé ;
Vous qui parlez d'arrêt, vous l'avez prononcé.

Mad. D O R S A N.

Le délire où j'étais est de ceux qu'on pardonne.
Je ne m'en prends qu'à vous si Dorsan m'abandonne,
Monsieur, à son épouse osez-vous le cacher ?

D'A R A N V I L L E.

Eh ! Madame, en ces lieux vous pouvez le chercher.
Vous en avez, dit-on, fait la visite exacte.

Mad. DORSAN, *amèrement.*

Avais-je tort, Monsieur ?

D'A R A N V I L L E.

Oh ! bien tort : c'est un acte
Qui, joint à vos soupçons déjà très-outrageans,
En blessant mon honneur, blessait le droit des gens.
Mais passons : à présent vous supposez peut-être,
Que s'il n'est pas chez moi, du moins je dois connaître
Le lieu de sa retraite ?

Mad. DORSAN, *avec autorité et toujours plus émue.*

Eh mais ! si ce n'est vous,
Qui donc le connaîtra ? rendez-moi mon époux.

D'A R A N V I L L E.

C'est me dire en deux mots : rendez-moi ma victime.
Non, Madame, il a pris un parti légitime.
Après de longs tourmens injustement soufferts,
Un esclave a raison quand il brise ses fers.
Le vôtre est libre enfin. Souvenez-vous, au reste,
Qu'il a vécu seize ans dans cet état funeste ;
Que respectant des nœuds tissus par son ami,
Seize ans votre victime, en silence, a gémi ;
Mettez avec ses maux vos torts dans la balance,
Et justement punie, imitez son silence.

Mad. Dorsan, *au comble de l'émotion.*
Imiter son silence ! ah ! je suis hors de moi.
Quand mon époux me fuit pour suivre une autre loi ;
Quand je vois mes liens brisés avec scandale ,
Je laisserais en paix triompher ma rivale ?
Non. S'il vous plaît, Monsieur, de la favoriser ,
Tout s'unit pour me plaindre et pour m'autoriser.
A prévenir l'affront que j'essuirais par elle ,
Mille appuis généreux soutiendront ma querelle.
Les épouses en foule, au Tribunal des loix,
Pour l'épouse opprimée élèveront leurs voix.
Il y va du repos, de l'honneur des familles :
J'aurai dans mon parti les mères et les filles.
Vous serez confondus, et....

JUSTINE.

Grands Dieux ! calmez-vous ,
Madame , vous veniez dans un dessein plus doux.

D'ARANVILLE.

Qui valait mieux cent fois. Cette fureur extrême
M'ôte à jamais l'espoir de vous rendre à vous-même.
Renoncez à Dorsan ; vous ne le verrez plus.

Mad. Dorsan, *avec un cri.*
Grands Dieux ! épargnez-moi des tourmens superflus.
Justine vous dit vrai. Je ne cherchais sa trace,
Que pour tout avouer , que pour demander grace.
Oui, j'avais fait serment d'abjurer mon erreur.
Je ne sais quel démon m'a rendu ma fureur ;
Mais au lieu d'une femme égarée et jalouse,
Conduisez à ses pieds sa gémissante épouse.
Qu'elle puisse implorer un pardon généreux ;
Si vous la lui cachez, sera-t-il plus heureux ?
A fléchir son courroux comment puis-je prétendre ,
S'il ne doit plus, hélas ! ni me voir, ni m'entendre ?

D'ARANVILLE.

Votre cœur est vraiment une énigme pour vous,
Madame, et c'est le sort de tous les cœurs jaloux,
Qui passent tour à tour de l'estime à l'outrage ,
De l'amour à la haine , et du calme à l'orage.
Dorsan, qui vous connaît, croira-t-il qu'un moment
Ait pu produire en vous un pareil changement.

Mad. DORSAN.

Il ne le croira pas sans en avoir la preuve ;

Sans-doute; mais, Monsieur, qu'il me mette à l'épreuve
Tout le tems qu'il voudra ; mes soupçons indiscrets
N'empoisonneront plus ses jours ni ses secrets.
Sur Clémence elle-même à son gré qu'il se taise ;
Je n'en murmure point, mais du moins qu'il s'appaise.
Malgré tous mes sermens, malgré mon repentir,
Si mon cœur, un instant, vient à se démentir ;
Si ma fougueuse erreur en moi cherche à renaître ;
Qu'il m'abandonne alors, il est toujours le maître.

D'ARANVILLE.

Ah ! vous avez raison d'avoir bien des remords ;
Mais vous ne savez pas le plus grand de vos torts.

Mad. DORSAN, *avec effroi.*

Parlez !

D'ARANVILLE.

Cette étrangère aussi sage que belle,
Outragée à nos yeux d'une façon cruelle,
Dont pendant dix-huit ans, en Province, il eut soin,
Qui de ses yeux jamais ne dut être si loin ,
Qui se crut, jusqu'ici, sans parens, sans famille,
Savez-vous bien qui c'est?

Mad. DORSAN.

Je frémis !

D'ARANVILLE.

C'est sa fille.

Mad. DORSAN.

Sa fille !

D'ARANVILLE.

Oui, c'est le fruit de son premier lien.

Mad. DORSAN.

Il était veuf et père, et je n'en savais rien !

D'ARANVILLE.

Avant de vous connaître , il fut l'époux d'une autre ;
S'il vous l'eût dit, Madame, eût-il été le vôtre ?
Calculez, maintenant, ce qu'il souffrit pour vous ;
Il fut malheureux père et malheureux époux.
Victime dévouée à votre tyrannie,
Sa fille de chez lui dix-huit ans fut bannie.
Le hasard la ramène : il craint avec raison
De la voir tout-à-coup paraître en sa maison.
Pour vous deux sa tendresse également discrette
Lui cherche, loin de vous, une honnête retraite ;

Votre instinct soupçonneux vous la fait découvrir,
Et pour elle, à l'instant, les prisons vont s'ouvrir.
Mais courez au Ministre : allez femme jalouse,
Sa prison est ici ; Clémence est mon épouse.

Mad. DORSAN, *dans l'abattement de la stupéfaction.*
Clémence ! elle est sa fille ? et votre épouse ? Ah ! Dieux !
Je dois être un objet exécrable à leurs yeux ;
L'espérance à mon cœur est à jamais ravie.
Pour réparer mes torts, il faut plus que ma vie.
J'ai trop bien mérité son entier abandon,
Pour avoir même droit d'implorer mon pardon.
Je le perds, je perds tout ; que mon sort s'accomplisse.
(*Elle va pour sortir*).

M. DORSAN, *en dedans, avec un cri d'attendrissement.*
C'est assez, c'est assez, terminons son supplice,
Et le nôtre.

Mad. DORSAN, *qui s'en allait tristement, revenant sur*
ses pas avec impétuosité.
Grands Dieux ! c'est lui ; j'entends sa voix.
Que je le voie au moins pour la dernière fois,
Et que je meure après.
(*D'Aranville ouvre le cabinet, M. Dorsan sort, sa*
femme se précipite à ses pieds, en disant :)
Ah ! Dorsan ! je succombe.

M. DORSAN, *la relevant.*
C'est dans mon sein qu'il faut que mon épouse tombe.
Leve-toi.

Mad. D O R S A N.
(*Elle le quitte pour serrer Clémence dans ses bras*).
Mon ami ! me pardonneras-tu ?
J'allais persécuter ta fille et la vertu ;
J'allais à tous ses maux joindre encore l'infamie !

M. D O R S A N.
Commande à tes regrets ; calme-toi, mon amie.

Mad. D O R S A N.
Non, jamais tant d'excès ne seront trop punis.

M. D O R S A N.
Va, pour les oublier tous nos cœurs sont unis,
Et moi, je suis vengé, si tu veux être heureuse.

Mad. D O R S A N.
Cher époux ! la voilà cette ame généreuse
Que tourmenta seize ans mon aveugle fureur.

Seize ans autour de moi je semai la terreur ;
Je vous désolai tous, et pour toute vengeance,
Je n'éprouve de vous qu'amitié, qu'indulgence.
Ah ! si cette leçon ne change pas mon cœur,
　　(*A M. Dorsan*).
Il mérite du tien l'éternelle rigueur.
Qu'a jamais sans pitié mon époux m'abandonne.
　　　　　M. D o r s a n.
Tu me rends mon bonheur, que rien ne l'empoisonne.
Et toi, le plus ardent, le meilleur des amis ,
Que ne te dois-je pas !
　　　　　d'A r a n v i l l e.
　　　　　　　　Je te l'avais promis.
Ta femme sur ton cœur remporte une victoire
Un peu prompte, mais sûre, et nous pouvons y croire.
　　　　　Mad. D o r s a n.
Croyez-y : loin de moi , j'ai risqué dans ce jour,
De voir fuir à jamais la nature et l'amour.
　　　　　　(*A Clémence*).
C'est vous en dire assez. Venez, venez, ma chère,
Daignez être ma fille.
　　　　　C l é m e n c e.
　　　　　　O Madame ! ô mon père !
Je pardonne au destin tous les maux qu'il m'a faits.
Ils sont trop compensés par de si grands bienfaits.
Mad. D o r s a n, *tend la main à son mari, et dit à*
　　　　　d'Aranville,
　　　　(*En lui donnant la main de Clémence*).
Vous voyez votre ouvrage, et votre récompense.
(*Elle prend ensuite la main d'Eugénie qu'elle donne*
　　　à Ferval, en lui disant :)
Monsieur, voici la vôtre.
　　　　　F e r v a l.
　　　　Ah ! Dieux !
　　　　　Mad. D o r s a n.
　　　　　　　Oui, quand on pense
Comme vous, on n'est pas vertueux à demi.
Lorsque je vous pressais de trahir votre ami,
Vous avez mieux aimé perdre votre Eugénie ;
Par le plus saint des nœuds qu'elle vous soit unie.
　　(*A Eugénie*).
Toi, ma fille, en l'aimant estime ton époux,

Souviens-toi de ta mère et du sort des jaloux.

EUGÉNIE.

Chère maman ! combien je vous suis obligée !
Puisque de ce défaut vous voilà corrigée ;
Ce n'est pas, comme on dit, un mal désespéré.

(*A Ferval*).

Et si je l'ai jamais , eh bien ! j'en guérirai.

M. DORSAN.

Il suffit ; près de moi je veux avoir mes filles.
L'amour et l'amitié ne font pas deux familles ;
C'est chez moi qu'à jamais je fixe leur séjour.

(*A sa femme*).

Et toi, toi dont le cœur est changé sans retour,
Chère ame, tu l'apprends par ton expérience ;
Le bonheur des époux est dans la confiance.

FIN.

De l'Imprimerie de Cussac, rue d'Orléans St. Honoré.

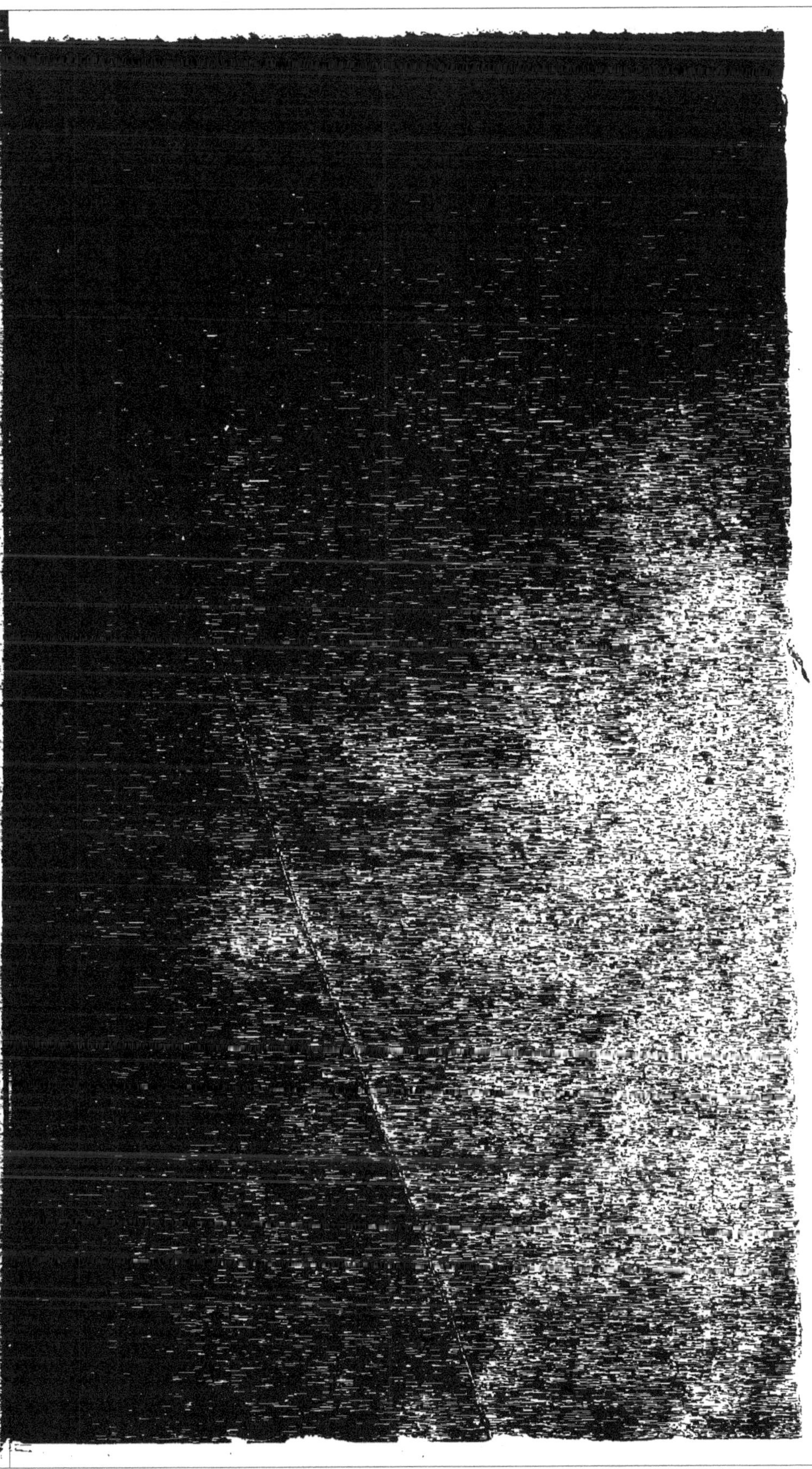